CHUZHONGSHENG SHENGYA TANSUO

初中生
生涯探索

席春玲　等◎编著

广东高等教育出版社
Guangdong Higher Education Press
·广州·

图书在版编目（CIP）数据

初中生生涯探索 / 席春玲等编著. —广州：广东高等教育出版社，2023. 12
ISBN 978-7-5361-7405-4

Ⅰ. ①初… Ⅱ. ①席… Ⅲ. ①职业选择－初中－教材 Ⅳ. ①G634.931

中国版本图书馆CIP数据核字（2022）第241680号

初中生生涯探索

CHUZHONGSHENG SHENGYA TANSUO

出版发行 广东高等教育出版社
地　　址 广州市天河区林和西横路（510500）
网　　址 www.gdgjs.com.cn
电　　话 （020）87553335
印　　刷 东莞市翔盈印务有限公司
开　　本 787 mm × 1 092 mm 1/16
印　　张 11.5
字　　数 188 千
版　　次 2023 年 12 月第 1 版
印　　次 2023 年 12 月第 1 次印刷
定　　价 24. 80 元

写给同学们的话

世界上再没有比青春更美好、更珍贵的了！青春之所以幸福，因为它是有前途的。每个人的青春只有一次，我们要珍惜青春，积极作为。正如雷锋同志在日记中写道："青春呀，永远是美好的，可是真正的青春只属于这些永远力争上游的人，永远忘我劳动的人，永远谦虚的人。"

初中是同学们青春年少、意气风发的年龄，是身体发育速度仅次于婴儿期的关键时期，是充满好奇、接受能力强的时期。

初中是最美好的一段人生旅途，十三四岁的青春少年，背起新书包，踏进新校园，面临的一切都是新鲜的。相信同学们一定非常期待全新的初中生活。

初中也将是同学们面临的第一次教育分流，事关你今后是上普通高中，还是上职业学校。这是同学们未来发展道路的一个重要节点。所以，初中也是开始思考自己今后的发展方向的关键时期，你将来想走什么样的升学与就业之路，未来想选择怎样的职业，这些问题都和初中的生活、学习和探索有着密切的关系。

同学们，跟着这本书一起来探索自己的生涯之路吧！

目 录

第一章
美好的初中生涯

青年是宝藏，青年是黄金；宝藏要挖掘，黄金需熔炼。

——臧克家（诗人）

青年期完全是探索的大好时光。

——史蒂文森（作家）

上了初中，你会来到一个新的环境，进入一个新的班级，有机会认识新同学、新老师，交到新的好朋友。如何和新同学相处相识呢？个人名牌卡片活动或许会助你一臂之力。在初中生活中，你可能会遇到终生的好友呢。

初中和小学不一样，学科门类增加了，在了解新学科的同时，同学们的学习方法也要与时俱进哦！只要你不断探索，积极向老师和同学请教问题，自己在学习过程中不断总结提炼，一定能找到最适合自己的学习方法。

第一节　初识生涯规划

生涯名言

青年人，信你自己罢！只有你自己是真实的，也只有你能够创造你自己。

——冰心（作家）

生涯人物

少年恩来立志：为中华之崛起而读书

少年周恩来

周恩来十二三岁时在沈阳的东关模范学堂读书，学习非常勤奋刻苦，经常和同学、老师一起讨论自己在阅读书报时思考的问题。他们讨论最多的是怎样救国和宣传救亡的问题。

有一天，他们学校的魏校长把同学们召集起来，问大家："读书是为了什么？"有人说："为了给自己将来找条出路。"有人说："为了能发财致富。"还有同学说："为了帮父亲记账。"原来他父亲是个生意人。校长问恩来："你呢，为什么读书？"恩来站起来，大声说："为中华之崛起而读书！"校长和同学们都钦佩地望着他。他在当时的作文中也写出了希望自己担负"国家将来艰巨之责任"的心声。在高中毕业赴日留学前夕，周恩来回沈阳母校看望师友，他给一位同学的临别赠言是："志在四方""愿相会中华腾飞世界时"。1957 年，这位同学终于和恩来重逢在解放了的新中国，畅谈祖国发生的翻天覆地的变化。他们这一代人终于实现了自己少年时代的梦想。

思考题：少年时期的志向，对人的一生发展有着怎样的影响？

一、生涯知多少

每个人在不同的生涯阶段，会扮演不同的角色，如为人子女、为人兄弟姐妹、学生、职场工作者、休闲者、丈夫或妻子、父亲或母亲、退休人员等。

生涯就是我们一生中扮演的各种角色的总和。每一个生涯角色，就是一段美好的人生与生命体验。进入初中后，同学们获得了一个新的生涯角色——初中生。

三年的初中生活，是同学们最美好的青春岁月，也是生涯成长的重要阶段。

初中的学习、成长、人际交往等方面的基础打得好，养成了良好的学习和生活习惯，同学们下一阶段的生涯发展就会更顺利。

二、生涯规划，从现在开始

生涯规划是指一个人对自己的未来有目的、有计划的系统安排。“我想成为怎样的人？我要过怎样的生活？我该做怎样的准备？”这些都是“生涯规划”的重要内容。

有的同学可能会说：“我才多大呀？现在就开始谋划一辈子的事情，为时过早了吧！”其实，我国很早就有生涯规划与职业选择方面的习俗，那就是“抓周”。

抓周的习俗

在一个孩子呱呱坠地的时候，家人就对他有很多的期许，一般在孩子满一周岁时，就会举行一种叫“抓周”的仪式。孩子如果拿起“笔墨纸砚”，意味着孩子将来可能成为从事文字工作的教师或学者等；拿起“算盘”，预示着孩子可能成为一个生意人或企业家等。这种习俗在某种程度上就包含职业生涯规划的成分在里面。

初中阶段在人生发展中具有重要的基础性作用，初中三年毕业后，同学们将面临第一次的教育分流，即你是上普通高中，还是上职业高中。这也决定了你未来的发展道路。

有了生涯规划之后，你就会为自己设定一个十年、五年、三年、一年的发展目标。当一个人为自己设定了长远的人生目标时，他就会拥有强大的学习动力，为目标努力的意义感也使得他更坚毅，不会被各种困难或干扰因素所影响。

有了自己的生涯规划，你就初步明确了自己的发展方向。虽然我们不能预设未来，但通过了解自己的特点优势，比如兴趣爱好、性格特点、优势潜能等，有目的地做好必要的知识、心理、能力等方面的储备，可以帮助我们早日发现人生目标与人生意义。生涯规划越早，一个人成功的可能性就越大。

人生如旅途，不同时期体验不同的生涯角色。生涯发展是一个连贯的过程，随着我们身心的不断发展，我们会不断进入到新的生涯阶段，获得新的生涯角色。每个不同的生涯角色也都有其特定的任务。

生涯故事

经济学家王亚南的中学时代

王亚南（1901—1969），中国现代杰出的经济学家、教育学家，厦门大学原校长，《资本论》最早的中文翻译者。

王亚南自小酷爱读书，胸怀大志。中学时期，他每天学习到深夜才去睡觉，为了争取更多时间读书，他把自己睡的木板床的一条腿锯短半尺，成为三脚床，这样只要一翻身床就会倾斜，他被惊醒后便继续伏案夜读，天天如此，从未间断，结果他的学业成绩年年优异。

大革命失败后，为了寻求变革社会的救国之道，王亚南开始钻研马克思主义政治经济学，于是开始从事《资本论》的翻译工作，这本书也成了他终身学习和研究的经典。他认为经济学是一门实践学科，倡导站在中国人的立场上研究经济。他一生都在为建立“中国经济学”而不懈奋斗，是当之无愧的经济学家。

思考题：中学时代，可以为人的一生打下哪些基础？

第二节　适应初中生活

生涯名言

少而好学，如日出之阳；壮而好学，如日中之光；老而好学，如秉烛之明。秉烛之明，孰与昧行乎？

——刘向（思想家、文学家）

生涯故事

互帮互助的好朋友

小海跨入初中学校两周了。在这个新的环境里，性格内向的他也慢慢地适应了，学着主动和新同学交往。

第三周，老师调换了座位。小海的新同桌洋洋性格开朗活泼，上课时他和小海一起讨论问题，下课了拉小海一块去室外玩。体育课上，小海和洋洋经常和同学们一起打羽毛球。在友好的氛围里，小海感到很开心。

洋洋性格开朗，但在学习上经常粗心大意。这时，做事认真、心思缜密的小海便会主动提醒和帮助洋洋，两个人在互帮互助中成了好朋友。

小海越来越喜欢充实而忙碌的初中生活了。

思考题：新环境中如何交到好朋友？

一、适应新环境

初中是一个新的学习阶段，初中生也是一个新的生涯角色。适应新环境，认识新老师、新同学，结交新朋友，开始新的学习体验，这是一件多么美好的事情啊！

进入新的校园，你会发现：校园更大了，操场更宽了，图书馆、体操馆、校史纪念馆、音乐室、科技园、实验室、社团活动室……各种功能场馆应有尽有。初中学校的校风校貌、发展历史等都很新鲜，等待着同学们一一去体验与探索。

同学们要本着一种开放的心态，积极参与新集体的各种活动，勇于尝试，不惧失败，相信你们很快就能在新的环境中交到新朋友，找到新乐趣，遇到新的发展机会。加油吧，少年！

二、认识新朋友

从迈进初中校门的那一刻起，我们便步入了少年时期。在这个阶段，我们会认识许多新同学、新老师。也许最初我们会有点茫然，但结识从前的好朋友不也经历了从陌生到认识，再到友谊深厚这样一个过程吗？保持乐观的心态，我们刚好可以把这个过程当成初步学会社交的练兵场。

科学家爱因斯坦说，世间最美好的事情，莫过于有几个头脑和心地都很纯洁善良的朋友。恰当处理好和老师、同学的关系，可以促进学习上的进步；一个无法处理好人际关系的同学，想必也会因此而烦恼，从而影响学习。

学校是一个大集体，每个人都是独一无二的个体，都应得到尊重。如果以自我为中心，会丧失从其他同学那里学习的机会。因此，我们需要不断完善自我，反思成长，建立良好的人际关系。

生涯活动

制作个人名片

制作个人名片，与新同学交流。请在名片上写下你的姓名、毕业学校、兴趣爱好、最爱看的书、最喜欢的电影、最热衷的体育运动、希望结交什么样的新朋友等。

第三节　初中学习方法

生涯名言

任其事必图其效；欲责其效，必尽其方。

——欧阳修（政治家、文学家）

生涯故事

保坂荣之介和他的形象记忆法

保坂荣之介出生在日本农村，小时候特别喜欢玩，上山捉鸟，下河抓鱼，各种玩法都很在行，但就是不爱学习。初中一年级时，500名学生中他成绩排在倒数第30名。老师觉得他可能是脑子笨，但他的父亲却不这么看，他鼓励儿子说，你捉鸟、抓鱼、下棋这些都玩得很好，就说明你的脑子不比一般人差，你只要把这种玩的心思用在学习上，成绩肯定就会提高。

父亲的鼓励给了他很大的信心，保坂荣之介也觉得应该好好学习，努力提升学业成绩。一旦下了决心，又有很强的自信心，他的记忆力和学习效果很快见效，学业成绩的进步让他本人也很惊讶。从初二暑假开始，他就更加努力地学习，结果成绩很快进入到前10名。大学毕业后的他长期从事智力开发研究，并担任了日本能力开发研究所所长。

如何记忆呢？保坂荣之介认为，人的大脑是靠图像来运作的，“千言万语不及一张图”。要想头脑记住某些东西，那就要在两个东西之间建立连接，最好以两个图像来联结。形象记忆是人脑中最能在深层次起作用的、最积极的，也是最有潜力可挖的一种记忆力。

思考题：你在学习过程中，运用过形象记忆法吗？和身边的同学交流一下吧。

一、拥抱新课程

那一摞摞散发着淡淡的油墨香的新书等着同学们去尽情探索：精美的文言文课文，分门别类的数学，丰富多彩的英语课本，综合性更强的道德与法治，还有小学时不曾见过的地理、生物、历史、物理、化学……与小学教材相比，中学的科目增多了，内容增加了，广度加大了，难度加深了。

面对变化，同学们该如何适应初中的学习生活呢？

首先，要充满自信。随着身心日渐成熟，同学们的思维水平和理解能力也会不断提高，对新知识的接受能力也会提高，越是拥抱新变化，便越能快速地适应新学校。

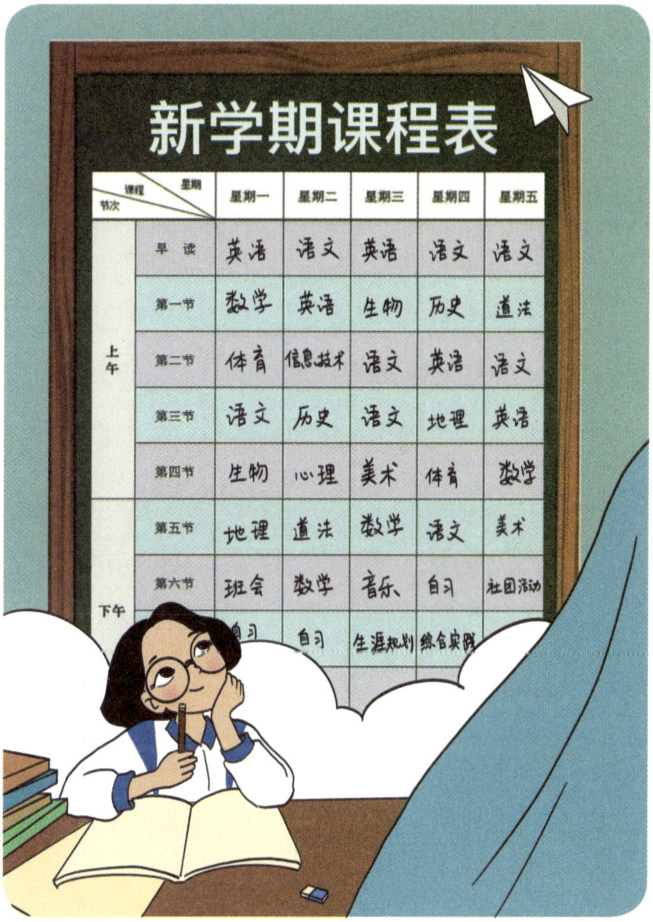

其次，要保持好奇。新的课程将引领同学们探索哪些新的知识领域呢？丰富多彩的社团活动将为我们提供哪些发展兴趣的平台呢？请满怀好奇去探索吧。

最后，要学会自我管理，学会分配时间。根据不同的知识特点，积极运用新的学习方法，让学习更加自觉、主动和高效。

初中还有丰富多彩的社团活动，你可选择继续深入发展自己的兴趣爱好，或者选择一个从未接触过的社团，拓展自己的认知边界，结交一批志同道合的好朋友。

二、掌握新学法

关于学习方法，历史上有很多的宝贵经验。孔子曰：“工欲善其事，必先利其器。”宋代思想家朱熹说：“读书之法，在循序而渐进，熟读而精思。”地质学家李四光说：“观察、试验、分析是科学工作常用的方法。”磨刀不误砍柴工，读书之法十分重要，法国哲学家笛卡尔也认为，方法是所有知识中最有价值的。进入初中后，学习科目和课程都增加了，同学们记得要调整自己的学习方法哦。

第一，课堂专心听课、做笔记。中学阶段学生的知识和能力大部分是通过课堂学到和培养的。大部分知识老师在课堂上都会精选讲解，在课堂上要全神贯注，充分利用课堂的45分钟，争取做到大部分知识上的重点、难点在课堂上搞定，需要特别用心的地方要做好笔记，方便复习提高。

第二，课后及时复习巩固。温故而知新，可以为师矣。德国心理学家艾宾浩斯关于记忆遗忘的实验研究表明，及时地巩固复习可以提高学习效率。因为及时复习，可以抓住记忆的最好时机。课后复习及时，可以加深对新学知识的印象，提高记忆效果。记忆方法有很多种，如故事记忆法、联想记忆法、口诀记忆法、归纳记忆法、绘图记忆法、首字母记忆法、图表记忆法等。同学们要对学过的知识经常性地进行总结和归纳，按照自己的方式做好笔记，总结出适合自己的有效记忆法。

心理学家艾宾浩斯

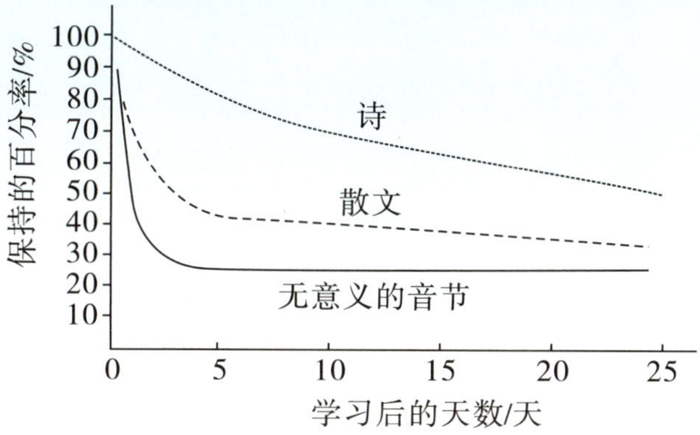

时间间隔	记忆量
刚刚记忆完毕	100%
20分钟之后	58.2%
1小时之后	44.2%
8~9个小时后	35.8%
1天后	33.7%
2天后	27.8%
6天后	25.4%
一个月后	21.1%

艾宾浩斯记忆遗忘曲线图

第三，养成良好的预习习惯。科学的预习有助于形成自己积极的学习心态，预习也是良性学习循环的开始，可以帮助你形成一个良好的学习周期，有助于提高课堂学习效率，预习中发现不明白的地方，你在课堂上就会格外注意学习。在预习之外，加上大量的课外阅读，学习效果更好。

第四，学会制订学习计划。调查显示，成绩好的学生通常都有自己明确的计划，有一个明确的目标和努力的方向，就容易把注意力集中在学习上。同学们要为自己设定明确的长期目标和短期目标，然后对目标进行分解，制订合理的学习计划。计划越具体，执行越到位，成功的概率就越大。

第五，发现和总结自身学习风格。学习风格是指每个人在学习时所偏爱的高效学习方式。有人是“视觉型”学习风格，喜欢通过视觉刺激获取信息，即“看着学”；有人是“听觉型”学习风格，善于通过听觉获取知识，即“听着学”；有人是“动觉型”学习风格，喜欢动手和做笔记，即“做着学”。找到最适合自己的学习风格，往往能够起到事半功倍的效果。

同学们既要借鉴他人经验，也要分析自身特点和学习风格，还可通过阅读相关书籍、向他人请教、个人反复实践等方式，总结适合自己的学习方法，做到学用结合、知行合一，以度过美好的初中学习生活。

生涯活动

学习方法分享会

学习贵在得法。初中知识以记忆为主，下面几种方法比较有效。同学们可以分享一下自己常用的学习法，并把其操作方法写出来或者画出来，在小组和班级内分享。

方法名称	方法介绍
笔记学习法	好记性不如烂笔头，笔记能够帮助我们加强记忆，理清思路，也有助于日后的复习巩固
理解记忆法	理解是记忆的基础，只有理解的知识才能记得牢、记得久，学习材料需要在理解的基础上背诵，效果更好
思维导图法	思维导图是一种可视化的思维工具，是由一个中心关键词发散分解为多个下一级分支关键词，各分支关键词线线相连构成一个知识体系，并充分利用色彩和图示辅助记忆
多感官学习法	知识的学习通过耳、眼、口、心等多个感官共同参与，借助读、想、视、听相结合强化记忆，学习效率更高
过度学习法	过度学习的最佳程度是 150%，如果需要阅读十遍刚好记住学习材料，那依据该原则，最好阅读十五遍
我的学习方法：________	

生涯书籍

书名：《工作大未来：从 13 岁开始迎向世界》

作者：村上龙　**译者：**李婷

插图者：滨野由佳

内容简介：作者村上龙是日本著名小说家、电影导演。他认为，越是了解社会的分工，对自己未来的想象就会越具体。越早进入自己感兴趣的职业世界，就越有可能获得职业的成功。本书介绍了 600 多种职业，书中还附有村上龙以及许多领域专家和行业精英的多篇随笔。

此书是日本中学公认的职业生涯教育的重要参考书，它以全新的观点角度来看待工作这件事，对于工作在人生中所扮演的角色和意义的看法具有一定的革命性。这本书不仅广受青少年欢迎，很多成年人也喜欢看。

生涯电影

片名：《银河补习班》

导演：邓超、俞白眉

内容简介：初一小男孩马飞一直不爱学习，成绩年级倒数第一，妈妈放弃了他，学校要开除他，只有出狱归来的爸爸相信他初一期末考试能考进班级前 10 名这样天方夜谭的话，还对教导主任放出狠话说：儿子能考进年级前 10 名。那天晚上，爸爸第一次和马飞谈学习，说："人生就像射箭，而梦想就像箭靶子，如果连箭靶子也找不到的话，你每天拉弓有什么意义？这个世界好玩的工作很多，挑一个你最喜欢的，去努力实现吧！"最终，在爸爸的信任和鼓励下，小马飞立志做一名航天员，并最终克服了一切困难实现了这个梦想，这就是目标的力量！

第二章
自我探索：发展你的优势品格

古之立大事者，不惟有超世之才，亦必有坚忍不拔之志。

——苏轼（文学家、思想家）

认识你自己，是我们每个人需要用一生去实践的。认识自己这件事，就像照镜子，借助着镜子里的影子，你才能更好地认识自己。所以，认识自己也需要靠外界的东西反射出来，你才能逐渐地认识到自己的特点、特长等。

自我探索有一些工具和维度，例如你的性格特点、兴趣爱好、能力擅长和价值追求等，这些都是一个人认识自己的重要方面。

第一节　梦想与价值观

生涯名言

实现中华民族伟大复兴，就是中华民族近代以来最伟大的梦想。

——习近平（中共中央总书记、国家主席）

生涯人物

弃医从政的革命先行者：孙中山先生

革命家、思想家孙中山

孙中山先生是中华民族伟大复兴梦想的首倡者，是近代中国第一个喊出“振兴中华”口号的人。1892年，孙中山从香港西医书院毕业获医科硕士学位后，于澳门、广州等地行医，治病救人。看到清末积贫积弱的祖国，国力衰弱、民不聊生后，孙中山痛感“医人不如医国”，果断弃医从政。

1894年，28岁的孙中山组建兴中会，开始了他40余年的革命生涯，他始终秉持“天下为公”的人生信条和“吾志所向，一往无前，愈挫愈奋，再接再厉”的战斗信念。1912年中华民国成立伊始，作为大总统的孙中山先生开始了建设新中国的梦想。

在他著述的《建国方略》与《实业计划》中，阐述了关于铁路运输建设、港口商埠建设、河流治理建设、矿业建设、工业建设与民生发展等多方面的宏伟计划。他提出要在10年内为中国修建16万公里铁路的宏伟计划，在一代代人的努力下，中国的高铁实现了跨越式发展。在孙中山先生“天下为公”“天下大同”的崇高理想感召下，亿万中国人民正走在实现中国梦的伟大征途上。

思考题：孙中山先生的伟大梦想给你什么样的启发？

一、梦想与追求

梦想是什么？作家林语堂曾这样描述："梦想无论怎样模糊，总潜伏在我们心底，使我们的心境永远得不到宁静，直到这些梦想成为事实才止；梦想像种子在地下一样，一定要萌芽滋长，伸出地面来，寻找阳光。"波兰籍科学家居里夫人说过："我要把人生变成科学的梦，然后再把梦变成现实。"

梦想是我们对未来生活的美好想象，在想象中，可能会包括未来职业、未来家庭、未来的生活状态等。

梦想就是一粒种子

春天来了，妈妈送我两只花盆，里面装满了泥土，并让我把花盆放在有阳光的地方，让我每天负责给花盆浇水。

大约十天后，其中一只花盆里冒出了几个小小的绿点，我和妈妈一起欣喜地看着这些细嫩的小苗苗一天天长高长大。而另外一只花盆一直没有长出任何东西来，我就忍不住问妈妈。这时，妈妈语重心长地告诉我："因为我在其中一只花盆里埋了一粒种子，另一只则没有。"

这颗在春天里埋下的种子，就像同学们在青春年少时为自己树立的梦想，只要有梦想，就有希望；要实现梦想，就必须坚持不懈；只要能坚持到底，就会有收获。

梦想的实现需要掌握必要的知识，拥有生涯规划能力，懂得寻求外部资源支持，还应该具有良好的心理素质，以及终身学习的态度。

二、价值观与价值选择

1. 什么是价值观

价值观是人区分好坏、美丑、损益、正确与错误、符合或违背自己意愿等的观念系统，它通常是充满情感的并为人的正当行为提供充分理由。价值观反映着个体的偏好。不同的价值观造就了不同的人生。有了清晰而坚定的价值观，你就不会被社会潮流推着走。

初中生处于职业探索期，也是价值观形成初期，开始逐渐认识到职业的社会价值，并试图把自己的兴趣与能力统一到价值体系中去，努力追求自己认为崇高的事业。而如何处理社会地位、经济地位、精神追求与个人兴趣发展之间的关系，都是价值观发挥作用的地方。

价值观又分为社会共有价值观和个人价值观。

2. 社会价值观

社会价值观一般是指符合人类社会发展、维护人类发展进步的价值追求理念和观念。人类的基本的价值观包括：自由、平等、诚实、幸福、勇敢、内心平静、成熟的爱、家庭保障、国家安全、享乐、自尊、社会承认、同情心、归属感、友谊、智慧、勤奋、坚韧、宽容、责任感、不自私、有主见、创造力、节俭等。

每一个社会都有自己的主流核心价值观。当代中国坚持的是社会主义核心价值观，它具体包括三个层面，即：国家层面的价值目标——富强、民主、文明、和谐；社会层面的价值取向——自由、平等、公正、法治；公民层面的价值准则——爱国、敬业、诚信、友善。人们都在工作、生活和学习中积极秉持这一核心价值观。

同学们作为生活在和平安定时代的个人，爱国、敬业、诚信和友善是我们每个人都应该积极主动养成的良好品格。良好的品格会使你终身受益。选择一个感兴趣的、自己擅长的职业，立足岗位服务社会，爱岗敬业，在岗位上奉献个人才智来报效国家，就是和平时代最好的爱国行动。

3. 个人的价值选择

个体价值观是在成长、学习和外界环境的影响下慢慢形成的，既来源于家庭、学校和社会的影响，也是自身主动选择的结果。个人的价值选择是多元的，它反映了个体的认知水平和需求状况。个体的价值观在职业选择、利益得失取舍等方面发挥着基础性作用。

个人的价值选择一般会经历选择、珍视和行动三个阶段。

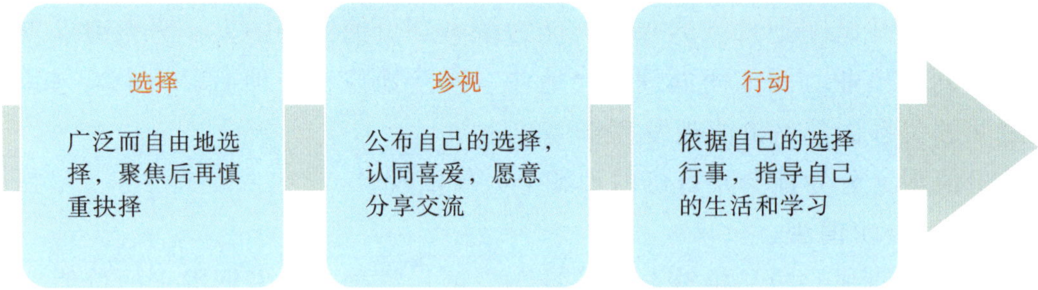

（1）在选择阶段，个体首先是完全自由地选择；接着，在尽可能广泛的范围内进行自由选择；最后，对每一种可能的后果进行审慎思考后做出抉择。选择的范围逐渐聚焦，最后的选择是经过了审慎思考而郑重做出的。

（2）在珍视阶段，个体做出自己喜欢的选择，对选择感到满意，并乐于向别人公布自己的选择，对自己的价值选择内心有一种认同和喜爱感，乐于与他人分享交流。

（3）在行动阶段，个体根据自己做出的选择行事，并将自己的选择作为一种生活方式不断重复，根据自己审慎选择的价值观，指导自己的日常生活和学习工作。

人是社会的存在，个人价值必须建立在社会意义之上。同学们要把对自身利益的关爱，发展到对他人、对社会的关心，就会获得一种意义感和价值感。价值观是具体的，以真善美为追求的理想和行动，就是有价值的。

生涯书籍

书名:《牧羊少年奇幻之旅》

作者: 保罗·柯艾略

译者: 丁文林

内容简介: 这是一个简单但不平凡的故事，讲述了西班牙牧羊少年圣地亚哥在梦的指引下，历尽千辛万苦一路向南，跨海来到非洲，穿越“死亡之海”撒哈拉大沙漠，经历各种磨砺，克服无数困难，把握重重机遇，靠着不屈的信念到达金字塔前，最终悟出了宝藏的真正所在的奇幻之旅。

全书充满了梦想，让我们看到了人们对梦想迥异不同的态度。有的人拥有梦想，但却没有实现梦想的勇气与自信；有的人守望梦想，却惧怕梦想实现后的失望与落寞；唯有圣地亚哥，相信梦想，充满渴望，执着、笃定而勇敢地去追求，直至最后如愿以偿实现梦想。

第二节　性格：培养自己的性格优势

生涯名言

一个人的性格决定他的际遇。如果你喜欢保持你的性格，那么，你就无权拒绝你的际遇。

——罗曼·罗兰（作家、思想家）

生涯人物

敦煌的女儿——樊锦诗

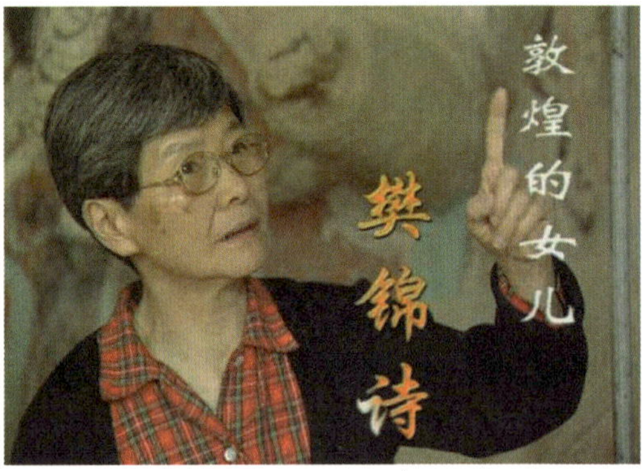

考古学家樊锦诗

樊锦诗，敦煌研究院名誉院长。她 40 多年致力于敦煌石窟考古、石窟科学保护和管理，贡献卓著，曾获国家“文物保护杰出贡献者”“中华之光——传播中华文化年度人物”“改革先锋奖章”等荣誉称号。

樊锦诗 1938 年出生于北京，在上海长大，20 岁考入北京大学考古系，大学毕业后分配到河西走廊上的敦煌研究院工作。年轻时的樊锦诗是个内向沉默的人，“上台说不出话，照相的时候就往边上站”。但在敦煌工作的几十年给了她很大的锻炼与成长，用她的话讲，就是“很多事情逼着你，急了以后就会跟人去争了”。

岁月的磨砺以及西北广袤天地的锻炼，使樊锦诗的性格变得坚韧而执着。为了工作，她在风沙中大声与人争论着。正是因为她的专业、坚守与创新，推动了敦煌研究和管理方面的革新。

在她的带领下，敦煌遗产走上了科学保护之路。从壁画病害防治到崖体加固，从环境监测到风沙治理，他们不断探索创新。她构想设计的“数字敦煌”，将洞窟、壁画、彩塑及与敦煌相关的一切文物加工成数字图像，通过信息化手段使珍贵的历史文化遗产永久地得以保存，向世人展示了全新而辉煌的中国古代文化。她本人也被誉为“敦煌的女儿”。

思考题：樊锦诗的性格在工作中有哪些变化？

一、性格与性格类型

性格是我们对待世界和他人的稳定的、习惯化的方法和态度。了解自己的性格是认识自我的重要方面，有利于自己在生活中发挥自己的长处，也学会与不同性格的人和谐相处。

根据个体思考和行为方式聚焦点的不同，性格通常被分为内向型和外向型。内向和外向没有好坏之分，每一种性格都有其独特之处，因为每一种性格都有成功者。

外向型性格特点	内向型性格特点
● 热情洋溢，生机勃勃 ● 能说会道，善于表达 ● 语速快，嗓门高	● 冷静，谨慎，稳重 ● 不愿意主动表达，先听后说 ● 语速慢，语调平稳
● 注意力容易分散 ● 喜欢人多的场合 ● 更关注问题的广度 ● 能量来自于与外界的互动作用	● 注意力集中 ● 喜欢独自消磨时间 ● 更关注问题的深度 ● 能量来自内心的思考推理

每个人的性格都是多样态的组合，在不同的环境下也会表现出多彩的个性特征来。

性格具有一定的可塑性。如果希望自己具有某种性格优势，或者觉察到所具有的某些性格对身心健康不利时，可以尝试微调自己的性格倾向。

当一个人的性格与其从事的职业相对匹配时，他在工作时就会更高效和愉悦；反之，则难以有成就感，更容易中途放弃。

二、性格优势与美德

（一）性格优势的种类

根据性格的不同方面，性格优势可分为以下三类。

第一类性格优势：亲和力，主要指在人际交往中表现出来的积极的情感、认识和行为，包括仁慈、团队精神、公平正义、爱与被爱、真诚、领导力、宽恕、感恩等。

第二类性格优势：生命力，主要指对待世界、环境和社会关系的积极特质，包括幽默、好奇、激情、创造力、洞察力、希望、社交智力、发现美的能力、勇敢、信念等。

第三类性格优势：意志力，主要指个体在自我管理、自我约束、自我提升中的意志力，包括判断力、审慎、自我调节、坚持不懈、学习、谦虚等。

青少年正处于性格形成时期，可塑性很强，是性格形成和培养的关键期，从青春年少时期开始有意识地培养和发展自己的性格优势，对你未来的职业生涯和幸福人生有着积极的意义。

（二）六种美德与二十四种积极力量

积极心理学强调人格中最好的品质，总结出了六种美德和二十四种积极力量。这些美德和积极的力量闪耀着人性的光辉，是我们所有人努力的方向，也是我们每个个体应该终生追求的修养目标。

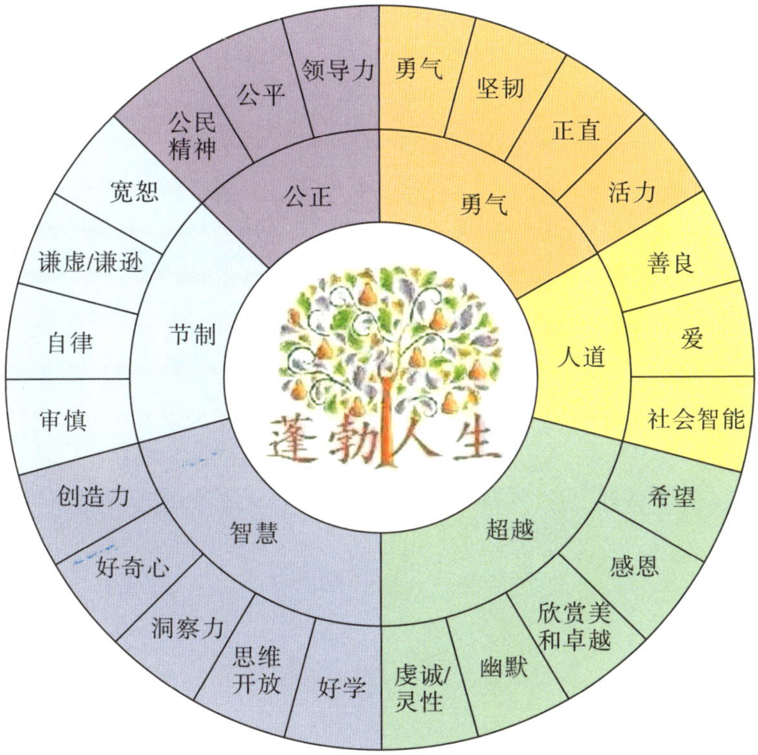

六种美德与二十四种积极力量

在社会生活中，具有一定性格优势的人，更容易适应环境，对工作和生活的满意度也会更高。

三、如何培养自身美德

培养自身美德是一个循序渐进的过程，建议同学们从以下两个步骤开始。

第一步，静心思考并找到自己的优点，如你喜欢读书、喜欢唱歌、喜欢助人为乐、勇敢、自信、节制等。

第二步，把自己的优点充实并发扬光大。如你喜欢读书，你可以给亲戚朋友讲你看到的故事；你喜欢助人为乐，那就多帮家人做家务，帮同学解决问题。

这样，你留给大家的印象就是你优秀的样子。长此以往，你就会成为一个积极的人，美德在你身上就会不断积累，人性的光辉就会为你的未来发展提供可靠的保障。

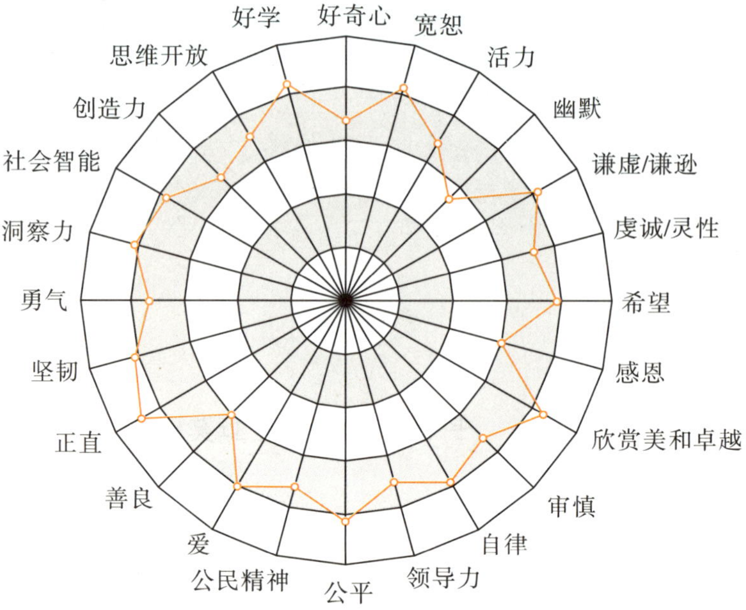

二十四种积极力量个体测试雷达图

班干部竞选

初一（3）班新成立了。为了培养同学们自我管理、自我服务的意识，班主任组织全班同学准备选出新一届班委为同学们提供服务，很多同学都想着竞选一个职务，借此锻炼和提升自己各方面的素养。

欣欣同学热爱学习，乐于助人，做事细心，他打算竞选学习委员。他的同桌晗晗同学性格开朗，爱运动，很幽默，大家都喜欢他，他想竞选体育委员。霖霖同学是一个话语不多、做事干练、有号召力的人，她总是能把大家都团结在一起，她想要竞选班长。

经过一轮竞选，三个人都成功选上心仪的职位。后来，他们也发挥了自己的特长，在为同学们服务的过程中得到了很多的锻炼，培养了自己的品格，工作完成得很出色。

思考题：成为一名合格的班干部需要具备哪些优秀的性格品质？

生涯活动

他人眼中的"我"

多维度认识自己	对我的印象、我的性格优点和不足的描述，以及对我的建议等
同学眼中的我	
朋友眼中的我	
老师眼中的我	
父母眼中的我	
其他人，如爷爷、奶奶、舅舅、姑姑等人眼中的我	
自我印象，我认为自己是……	

第三节　兴趣：发现和培养自己的志趣

生涯名言

兴趣是天赋的可靠标志。

——杜威（哲学家、教育家）

生涯故事

农业科学家袁隆平的故事

农学家袁隆平

袁隆平八岁那年不小心掉水里呛了水，被救之后，他下决心要学会游泳。每到夏天放学回家后，他就去长江边学习游泳，他的游泳技术甚至可以横渡长江，他希望能在正式比赛中一展身手。

1947 年，湖北省举办全省体育运动会，中学生袁隆平报名参加预选，在老师们都不看好他的情况下，他在预赛中获得了自由泳两个组的第一名，夺得了全省男子自由泳第二名。这种不服输的劲儿和不懈努力的精神，在他后来的农业科学研究中发挥了重要作用。

袁隆平高中毕业时，父亲建议他报考南京的重点大学。他没有盲目听从，而是追从自己最喜欢的农业，这是因为在小学一次集体参观园艺场时，他对生机勃勃的花草果木和大自然产生了浓厚的兴趣，他觉得那是最适合自己的领域。

最终，袁隆平如愿被四川重庆相辉学院的农学系录取。此后，他一心扑在农业上，痴心水稻育种事业 70 多年，把科学研究播种在祖国大地上。经过不懈努力，袁隆平和他的团队终于成功培育出了高产的杂交水稻，并推广惠及全世界，为解决人类的粮食问题做出了卓越贡献，他也成为享誉世界的“杂交水稻之父”。

思考题：袁隆平的性格特征对他从事杂交水稻研究有哪些帮助？你最喜欢他的哪一点？

青少年时期是人生观、价值观、世界观发展的关键期，兴趣爱好也在这一阶段得到培养发展。在广泛而多样化的兴趣中，如何发展自己的特长，是值得每一位同学思考的问题。

一、霍兰德的职业人格类型理论

约翰·霍兰德（John Holland）是美国心理学教授、职业指导专家。他提出了职业人格类型理论，把人分为六种类型，即现实型、研究型、艺术型、社会型、企业型和事务型。他认为，人的人格类型、兴趣与职业密切相关，且职业兴趣与人格之间存在很高的相关性。兴趣是人们活动的巨大动力，从事有兴趣的职业，可以提高人们的积极性，促使人们积极地、愉快地从事该职业。具体内容见“霍兰德职业人格类型与环境、职业对应表”。

案例分析

右图是某同学根据霍兰德职业人格类型工具进行测试的结果。他的兴趣雷达图显示，他得分最高的三个兴趣类型是艺术型、研究型和社会型，分别为54分、48分和48分，而最低的是企业型，仅为22分。

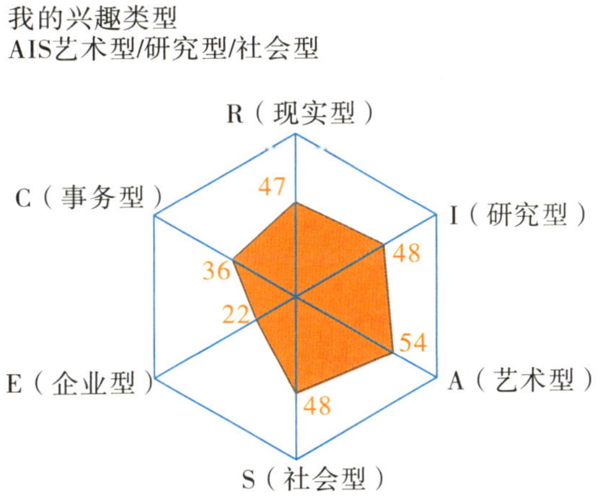

某同学霍兰德职业人格类型测试结果

结合以下表格内容，试着分析这位同学的性格特点，以及适合从事哪类工作。

霍兰德职业人格类型与环境、职业对应表

类型	个性特征	环境特点	适应的职业
现实型（R）	具备机械操作能力或体力，适合与机器、动植物等具体事物打交道	要求明确的、具体的体力任务和操作技能，人际关系要求不高	工程师、操作 X 光的技师、无线电报务员、自动化技师、电工、鱼类和野生动物专家、机械工、木工等
研究型（I）	具备人事观察、评价、推理等方面的能力，讲究科学性	要求具备思考和创造能力，社交能力要求不高	科研人员、科技工作者、实验员、数学家、物理学者、化学家、植物学家、动物学家、科学报刊编辑、地质学者等
艺术型（A）	具有艺术性的、独创性的表达和直觉能力，不喜欢硬性任务，情绪性强	通过语言、动作、色彩和形状来表达审美原则，单独工作	作家、演员、记者、诗人、画家、作曲家、编剧、舞蹈家、艺术教师、雕刻家、摄影师、设计师等
社会型（S）	喜欢从事与人打交道的活动，有人道主义精神，但不能理智地解决问题	解释和修正人类行为，具备高水平的沟通技能，热情助人	联络员、外交工作者、教师、学校领导者、导游、社会福利机构工作者、咨询人员、思想工作者等
企业型（E）	以劝说、管理、监督和领导能力获得法律、政治、社会和经济利益	善做言行反映，有说服他人的能力和管理力，完成监督性角色	各级领导者、企业家、管理者、政治家、推销员、私营小老板、律师、调度员等
事务型（C）	注重细节、讲究精确，具备记录和归档能力	系统、传统环境中，具体的体力要求低，人际关系技能低	会计、统计、出纳、办公室职员、税务员、秘书、图书编辑、成本核算员、法庭速记员等

二、兴趣培养三阶段

兴趣的发展过程可分为三个阶段，即感官兴趣、自觉兴趣和志向兴趣。了解了这一过程，同学们可以把自己的某一兴趣发展为自己的志向兴趣，甚至是自己未来的职业呢。

感官兴趣

基于眼、耳、鼻、舌、身体等感官刺激而产生的兴趣。例如，有人喜欢美食，有人喜欢唱歌，有人喜欢跳舞，有人喜欢探险，有人喜欢养小动物，等等。一个人可以同时拥有多个感官兴趣

自觉兴趣

基于自身兴趣和能力，对该兴趣有一定的了解和钻研，在某种程度上能提高你的能力，增强你的自信心、成就感等积极的情绪体验的兴趣

志向兴趣

把兴趣和未来个人志向联系起来，并使你立志从事某个行业的就是志趣。志趣比较稳定，需要你持久的坚持与努力

个人兴趣发展路径

兴趣和天赋在很大程度上是一致的。你喜欢的事情，可能就是你比较擅长的、天赋比较高的方面。广泛的兴趣群中，哪些会成为自己有志于此的兴趣，还需要依据自身的能力、受社会环境和机遇等的加持。

三、社团活动是培养兴趣的好途径

学校社团分为音乐类、美术类、体育类、科创类、社会服务与志愿者类等，社团不仅为学生发展提供了社会实践的机会，锻炼了综合能力，而且在社团活动中，很多同学初步发现了自己的兴趣，找到了自己未来生涯发展的方向。社团常常是由一群具有共同爱好和特长的同学组成的，他们有共同目标，相互鼓励，志同道合。

社团活动与兴趣培养

民乐社团

钟澄同学小学四年级加入民乐团，学习低音提琴，因为学习积极努力，进步巨大，成为民乐团低音提琴部长。在小学毕业升初中时，她没有如其他同学般彷徨，直接就报考深圳艺术高中低音提琴专业，如愿以偿开始了自己在专业音乐道路上的学习生涯。

书法社团

文沛同学加入书法社团五年来，凭着自己极大的兴趣和教师的积极引导，逐渐成为社团骨干，取得了非常理想的成绩，先后在第三、四届全国硬笔书法大赛中获得一等奖。她现正朝着书法专业的方向不断发展，希望能凭借书法进入相关专业院校，不断地追逐自己的书法梦想。

曲棍球社团

莎莎是九年级学生，五年前加入曲棍球社团，经过四年的艰苦训练，获得“国家一级运动员”称号。莎莎所在的曲棍球社团，也有成员初中毕业后直接升入广东体育职业技术学院运动训练专业。这些优秀的社团运动员均具有良好的素质和长远的规划，都立志于努力训练，朝着体育之路不断努力，以期有一天能成为一名优秀的国家运动员，站在世界舞台上展示风采。

霍兰德职业兴趣岛是帮助我们了解自己兴趣所在的工具。你可以在日常生活学习中发现和培养自己的兴趣，不仅可以在课后的社团活动中发展自身兴趣，而且在志愿者服务活动中、在社区生活中、在旅行中、在参加各种实践活动中都能发现和发展自己的兴趣。

同学们，可以加入一个社团，跟着一群志同道合者一起开展活动，锻炼成长；有想法的话，你也可以发起和组建一个社团，召集一批有共同爱好的小伙伴，一起做对社会有益、对自身成长有帮助的事情。

生涯活动

选择你的兴趣岛

游戏规则：这里有六个不同类型的岛屿，同学们根据自己的感觉，选择自己最想去的岛屿，并就这些岛屿上的生活展开想象、讨论和交流。

这些岛屿的具体特点如下。

浪漫文化艺术岛（A 岛）：岛上弥漫着浓厚的艺术文化气息，到处是美术馆、音乐厅和歌剧院，岛民们保留着传统的舞蹈、音乐与绘画。文艺界人士很喜欢到此举办各种沙龙研讨，寻找艺术创作灵感。

探究钻研学术岛（I 岛）：岛上平畴绿野，人少僻静，适合夜观星象。岛上有众多的天文馆、科技馆、博物馆和图书馆。岛民们喜欢钻研学问，沉思冥想，探究真知。哲学家、科学家和心理学家们很享受在此讨论学术，交流思想。

富庶名流创业岛（E 岛）：岛上经济发达，往来者多是企业家、经理人、政治家、律师等，高级饭店、俱乐部、高尔夫球场众多。岛民性格热情豪爽，善于企业经营和贸易活动，商界名流与上等阶层人士在此享受着富裕的生活。

绿色自然生态岛（R 岛）：岛上自然生态优良，保留有大片的原始森林，也建立了众多的植物园、动物园和水族馆等。岛民们很淳朴，动手能力强，自己修缮房屋，种植作物，制作器物，并以手工制造见长。

井然有序现代岛（C 岛）：处处耸立着的现代建筑，表明这是一个进步的、都市形态的岛屿。岛上管理十分完善。岛民们个性冷静保守，处事有条不紊，善于组织规划，工作踏实，并很享受这种井然有序的城市生活。

温暖友善关爱岛（S 岛）：岛上处处充满着人文关怀气息，每个村庄和社区都能自成一个密切互动的服务网络。岛民们都性情温和，乐于助人，重视对子女的教育，平日里大家互帮互助，人际关系十分友善。

如果让你在以上六个兴趣岛之间做选择，你会选择哪一个？在活动中体验一下，仔细体会自己的选择和个人特点。其实，这六个兴趣岛就代表了六种不同的职业类型，你所选择的职业兴趣岛类型，在某种程度上就代表着你的职业兴趣。

第四节　能力：发掘你的优势智能

生涯名言

一个人，只有在实践中运用能力，才能知道自己的能力。

——小塞涅卡（政治家、哲学家）

生涯故事

明浩在街舞社的成长

明浩从小性格腼腆内向，小学时当众表演节目经常脸红害羞。上初中后，他在社团招新活动上看到街舞社的同学跳舞，虽然有很多人驻足观看，但丝毫不影响他们自信潇洒地发挥。明浩很是羡慕，他也很喜欢跳街舞，常常在家中练习，但不好意思在众人前表演。一阵纠结后，明浩决定突破自己。

他递交了加入街舞社的申请，并定期参加街舞社的练习课程。他也请教了心理老师，使用了积极心理暗示的方法，时刻提醒自己放松、大方地展现自己。渐渐地，明浩从最角落的练习位到站在了靠中间的位子，脸红的情况越来越少了。

社团开放日，街舞社要在全校师生面前表演，社员们推明浩站C位领舞。这次他没有逃避，勇敢地接受了挑战，更加勤奋地练习舞蹈技能，并结合场景想象的方法，想象自己在全校师生的欢呼声前表演的全过程，不断磨炼自己的心态。表演很成功，明浩听到热烈的欢呼声十分激动，终于可以从容地在大众面前表演了，也为自己感到自豪。

思考题：如何发现和培养自己的优势智能呢？

一、人的智能是多元的

心理学家加德纳

哈佛大学教授加德纳博士提出了多元智能理论，他认为，智力是能够解决现实问题、适应社会环境的各种各样的能力，它在生活中以各种方式起作用。他把人类所拥有的各种能力分为八类，形成了一个完整的“智力圆”。

人的智能不是单一的，而是多元的。由于天赋、文化、阅历和教育等的不同，每个人的智能结构是不一样的。各项智能并不是孤立存在的，个体完成一项任务需要综合运用到多种智能。不同智能优势的人，职业和成就也是各有不同的。

所有的智能都可以通过学习与训练得以发展。我们每个人都拥有不少于一个的优势智能，形成自己的智能结构。每个人的智能结构不同，擅长的事情也不一样。做自己擅长的事情，能让我们体验更多的自信与成就，也更容易激发工作和学习的动力。

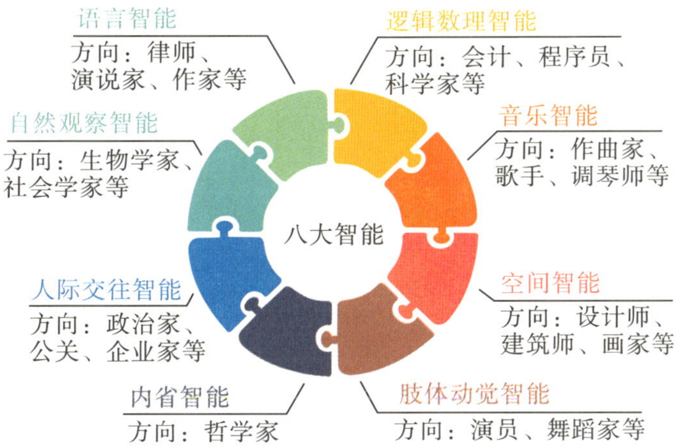

加德纳的智力圆

例如，在一个班级中，每个同学的智能结构也是不一样的。甲同学在美术课上显露出了在想象力、空间感和色彩运用上的天赋，在动漫社团中，她的创作能力、绘画能力、电脑操作技术又得到了进一步的提升，她的空间智能是突出的；乙同学在野外观鸟中凸显出了较强的自然观察智能，在识图、辨别和分类能力上更为优秀；丙同学是学生干部，在理解关心他人、沟通和分工合作等人际方面的智能较高。这些智能都是在“先天”能力基础之上，在不断实践中，再拓展和发挥了自己的智能。而我们所熟悉的神童方仲永，幼时就呈现出语言方面的天赋，单靠“天赋”而不后天去学习和实践，突出的智能也会被磨平。

二、多元智能理论介绍

（1）语言智能。这种能力在诗人、作家和演说家身上表现得最为突出，是指人们对于语言文字的掌握、运用、表现能力。

（2）逻辑数理智能。这种能力在物理学家、数学家、工程师等身上表现突出，是指数学思维和逻辑推理、科学分析的能力。

（3）空间智能。水手、工程师、外科医生、雕刻家、画家等都是具有高度发达的空间智能的例子。就是在脑中形成一个外部空间世界的模式，并能够运用和操作这种模式的能力。

漫画家蔡志忠的故事

幼年时期，蔡志忠就发现了自己的绘画天赋和兴趣，他在15岁时开始作为职业漫画家进入职场，也曾担任电视美术指导，开办个人工作室，创建了卡通公司。

天才是基于多年的训练和积累而成的。蔡志忠一生都在从事绘画工作，通过不断的绘画训练与学习，他的绘画潜能得到了极大的挖掘和培养，而且不断推陈出新。为了与时俱进，蔡志忠自学卡通绘制技术，不断精进。他通过漫画对中国传统哲学与文学做出了史无前例的再创造，他创作的《庄子说》《老子说》《列子说》等四格漫画作品得到世界各国人民的喜爱，他本人也成为享誉世界的国际级漫画大师。

同学们，你身边有没有人从小就喜欢做一件事情，而且坚持做了一生的？如果有，对这样的人做一个生涯访谈。

（4）音乐智能。从事音乐创作、演奏和其他舞台表演的人通常在这方面比较突出。

（5）肢体动觉智能。舞蹈家、体育运动员、外科医生、手工艺大师在这方面有突出的表现，就是运用整个身体或身体的一部分解决问题或制造产品的能力。

（6）人际交往智能。教育家、心理医生、宗教领袖、政治家、推销员、经纪人等具有这方面的长处，就是理解他人的能力。

（7）内省智能。文学家、哲学家、心理学家、神学家、音乐家都是善于显现自己的自我认知智能的人。这是一种深入自己内心世界、了解自己的感情生活、辨别自己的情绪变化、体验自己精神活动的能力。

（8）自然观察智能。如达尔文等人的发现自然、观察自然的能力就是一个证明。

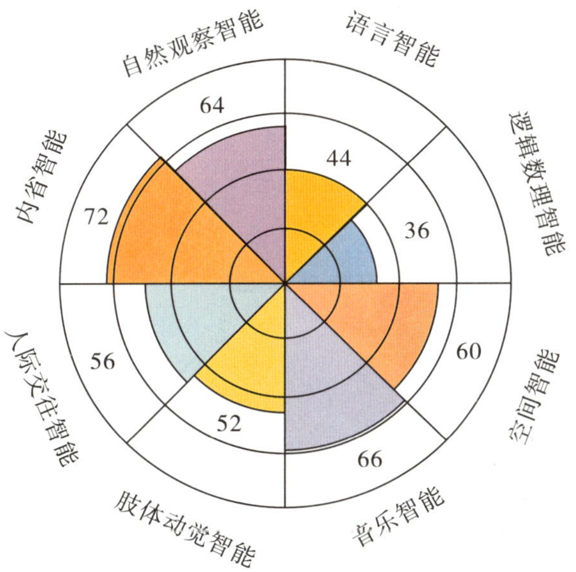

某同学的多元智能测试结果

案例分析：左图是某位同学的多元智能测试结果，他得分最高的三项是内省智能、音乐智能和自然观察智能，得分最低的是逻辑数理智能。他最擅长的是什么，他在未来职业专业选择方面应该怎么选择更明智？感兴趣的话，同学们可以测试一下自己的智能类型。

人倾向于做自己能够胜任的事情，乐于充分发挥自己身上的才能，有了成就感，学习也会成为一件快乐的事，在快乐中付出坚持和努力，就会走向成功。所有的智能，是在天赋的基础上，通过后天的实践努力慢慢培养出来的。

“我的职业理想”班级演讲比赛

谚语有言：“三百六十行，行行出状元。”职业无贵贱，劳动最光荣，每一种能为社会提供服务的职业都值得尊重。这些都是我们社会倡导的主流的关于职业的价值观念。同学们可以结合自身特长与兴趣，选择自己感兴趣的职业先进行写作，完稿之后，再进行演讲展示。每位同学的演讲时间以三分钟为宜。

生涯书籍

书名：《嗨！青春期》（第二版）

作者： 埃莉诺·格林伍德、亚历山大·考克斯

译者： 田科武

内容简介： 青春期总是充满了各种各样的问题，如心绪不佳、朋友失和、担忧身体变化等。这本书能为少男少女提供所需要的信息和安慰，分别从生理性别与社会性别两个视角，帮同学们了解两性的生理差异，帮助大家突破性别刻板印象，从容面对变化剧烈的青春期。

全书包括三个部分，分别是写给女孩、写给男孩、写给男孩和女孩的。阅读此书，男孩女孩们可以了解自身，还可以互相了解。

生涯电影

片名：《跳出我天地》

导演： 史蒂芬·戴德利

内容简介： 11 岁的小男孩比利·艾略特生活在英国一个平凡的单亲家庭。父亲和哥哥都是矿工，整日劳作，养家糊口。当比利机缘巧合遇上了芭蕾舞，他对芭蕾舞一见钟情，觉得这就是自己最喜欢也最擅长的事情。

面对家人对男孩跳芭蕾舞的不认可，他曾沮丧、无助、犹豫、彷徨，但是对芭蕾舞的热爱、对梦想的执着，让他有了坚持的勇气，并勇敢地向爸爸展示自己的舞蹈，坦诚地表达自己对芭蕾的喜爱，最终获得家人的支持，走上了追求自己梦想的芭蕾之路。卓越的舞蹈天赋，加上他不懈的努力，让比利成功进入英国皇家芭蕾舞蹈学院，成为一名真正的舞者。

在专业选择和职业发展中，如果你也有类似的困惑，如果你的梦想未能被家人所理解，不妨从比利的故事中汲取力量，争取身边人的支持，进而向自己心中的梦想前进。

第三章 性别与生涯

我生来就是高山而非溪流，我欲于群峰之巅俯视平庸的沟壑，我生来就是人杰而非草芥，我站在伟人之肩藐视卑微的懦夫。(华坪女子高中校训)

——张桂梅（云南丽江华坪女子高中校长，共和国勋章获得者）

性别在人的生涯发展中具有重要的影响。生理性别和社会性别的分辨会让你对熟视无睹的现象重新思考。社会传统上认为的性别角色并不都是合理的，有时候是需要你去突破的。打破性别刻板印象，大胆选择自己喜爱的职业领域去努力。性别平等是世界大势，男生女生一起来，共同走向美好未来。习近平总书记倡导：“让性别平等真正成为全社会共同遵循的行为规范和价值标准。”

第一节　性别之别会分辨

生涯名言

女人不是天生的，而是后天被塑造的。

——西蒙娜·德·波伏娃（作家、哲学家）

生涯故事

职业不分男女，关键是你喜欢

职业不分男女。男性可以做护士、保洁员，女性可以当军人、快递员，几乎所有职业，男性和女性都能做。巴桑顿珠从事一线护理工作30余年，2003年获“南丁格尔奖”，成为中国首位获得这一国际护理界最高奖项的男护士。中国海军亚丁湾护航编队的女性特战队员——宋玺，北京大学毕业后加入了海军。

运动不分性别。18岁的自由式滑雪运动员谷爱凌，摘取了2022年北京冬奥会三枚奖牌。性别使女性无缘许多运动机会，谷爱凌希望以自己的努力鼓励更多女性参与运动，尤其是像自由式滑雪一样充满冒险和挑战的运动。她说：“我并不像个男孩，因为体育运动本来也属于女孩。”她曾是滑雪

运动员谷爱凌

队里唯一的女孩，但她从未因此踌躇不前，而是大胆尝试各种动作。同学们要积极突破传统的性别刻板印象，积极进行生涯探索，不要被性别所限。

思考题：生活中，“快递小哥”和“快递员”，“保洁阿姨”和“保洁员”，哪种称呼更准确，又是没有性别刻板印象的呢？

生活中，人们常说“男女有别”，男女之“别”可以分为生理性别和社会性别。

一、生理性别和社会性别之分辨

生理性别（sex），是指男女两性在生理上的分化，具体表现在染色体、性腺、性激素、解剖结构、生理机能、身体形态等方面的差别。例如，进入青春期，男生长出喉结，女生乳房开始发育；男性成熟后会产生精子，女性会产生卵子等生理上的不同。

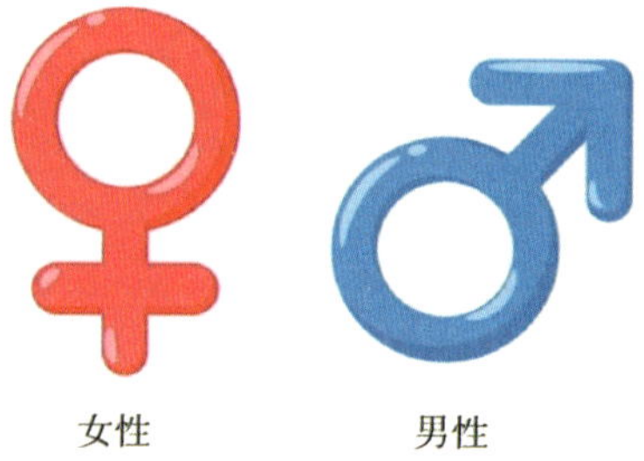

性别符号标识

社会性别（gender），是指男女两性受社会文化影响形成的性别特征和差异。如男孩要阳刚粗犷，女孩要温柔细致等。

生理性别是与生俱来的，在遗传基因等生物学因素控制下出现，一般不可改变，或者很难改变。社会性别则是后天赋予的，在文化、习俗、制度等社会性因素影响下产生，会因文明的差异而不同，也会随社会的发展而改变。

法国思想家波伏娃说：“女人不是天生的，而是后天被塑造的”。其实，男人也不是天生的，也是被后天塑造、教育、培养而成的。每个人身上展示出来的社会性别特征，都是后天塑造的，也都是可以改变的。

二、社会性别是塑造的结果，是可以改变的

会分辨性别之“别”，知道既有天生的生理性别，也有后天塑造的社会性别，我们就能用社会性别视角进行生涯探索，恰当应对其中的性别问题。男孩、女孩像七彩的阳光，是多样的，而不是对立的两极。

例如，初一男生小张，认真细心，特别喜欢做手工，折纸折得精巧，插花也插得雅致，学校举办的插花比赛，他获得了第一名。初二女生小李，是学校女子篮球队的主力，性格风风火火，经常代表学校外出参加比赛。这些都是正常的，而且是正面的。

一个有趣的实验发现，新生儿的父母就已经开始塑造孩子的社会性别。例如，给孩子取名字，买衣服、玩具等都是在用不同的性别观念塑造着不同的性别。事实上，男婴和女婴出生时的体重、身高和活动频率均无明显差异。

我们如果用社会性别视角看，就不难理解社会性别是塑造的结果，是可以改变的。明白这个道理，同学们就不会被所谓的“男孩样”“女孩样”困扰。无论男生女生，都可以努力成为自己想要的样子，更好的样子。

《居里夫人传》中，从社会性别视角看，玛丽·居里要承担女性“家庭”角色，同时她也能做“壮汉的工作”，“她独自一个人就是一个工厂”。正是突破了“女人样”，玛丽·居里才发现了镭，成为著名的科学家。她还积极推动镭在医疗等方面的应用，在疾病治疗等方面做出重要贡献。

活动设计：节目排演或表演。

《男孩女孩一起来》

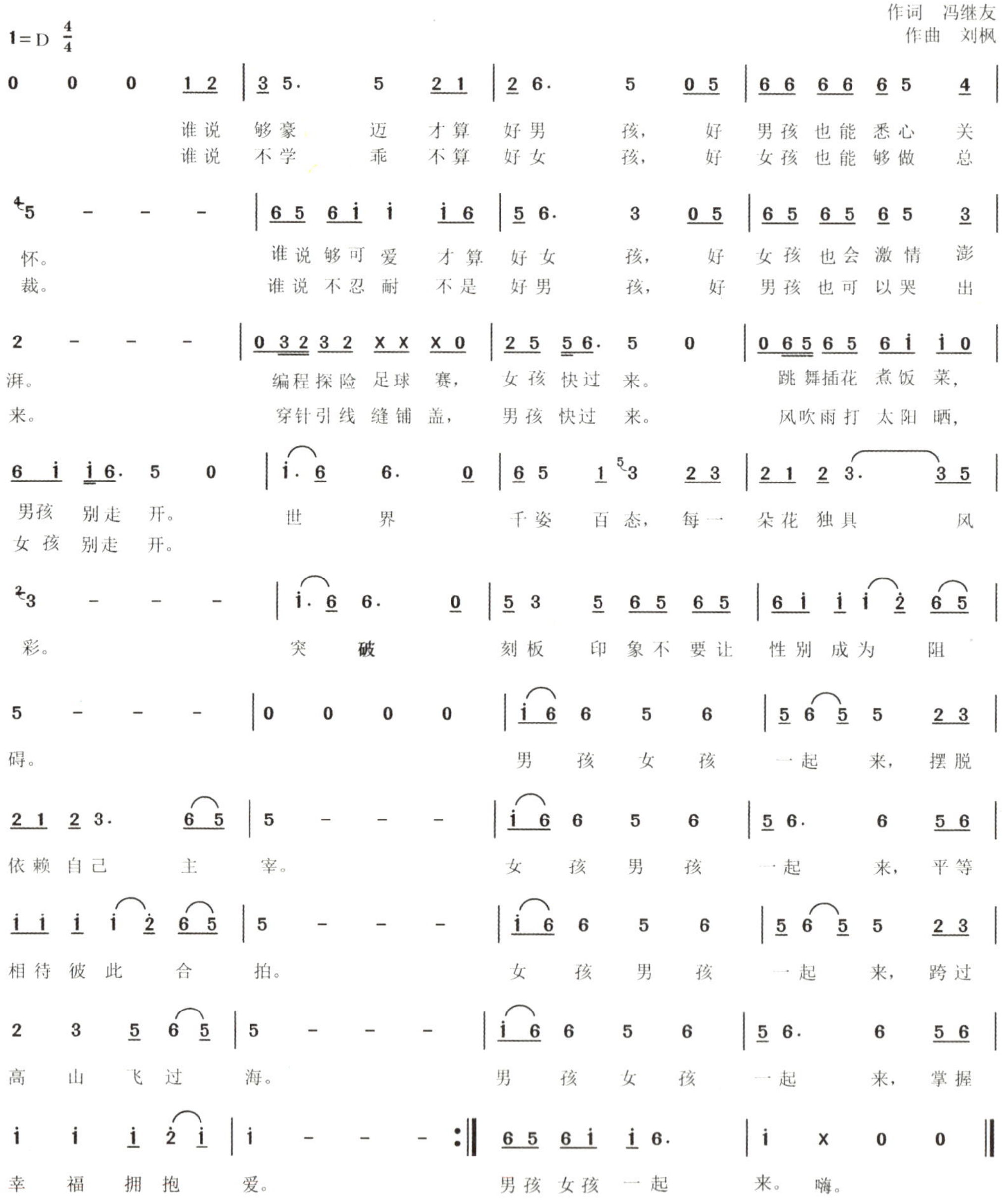

第二节 突破性别刻板印象，莫让性别限制你

生涯名言

男航天员能做到的，我也能做到。

——王亚平（中国女性航天员）

生涯人物

梁建英：打造中国高铁“国家名片”

工程师梁建英

梁建英，中国高铁装备行业首位女总工程师，“复兴号”高铁的设计师。学生时代的梁建英是一个吃苦耐劳的小姑娘，做事认真，干练稳重。在老师眼中，梁建英不是班里学习成绩最突出的，但是她骨子里却有一股拼劲，特别喜欢钻研，对待每一件事情都极为认真。这种品质成就了她未来职业生涯中敢于攀登科学顶峰的豪迈追求。

梁建英的父亲是铁路工人，耳濡目染，她从小就对火车产生了浓厚的兴趣，梦想着能制造出更多更快的火车。上大学时，她报考了上海铁道学院，主攻动力传动与控制系统专业。毕业后，她在高铁装备行业工作二十多年，由一名技术员成长为主任设计师、教授级高级工程师。

她率领团队从零开始研究中国高铁，突破各项关键技术，持续迭代中国高铁列车，成了中国高铁兴起的引领者与见证人。梁建英及其团队亲手打造的中国高铁让全世界领略到中国“智”造的力量。

思考题：梁建英的性格对她的职业发展有什么积极作用？

人们会想当然地认为，男孩更擅长理科，女孩更擅长文科。你怎么看待这些说法？这类说法对你有什么影响呢？

一、性别刻板印象

性别刻板印象（gender stereotype）是指针对不同性别群体的简单而固定的看法。简单，即以偏概全，抹杀个体差异。比如，有人说女司机是马路杀手，但来自交管部门的数据显示，女司机造成的交通事故比男司机明显要少。固定，即一成不变地看待性别现象，缺少发展的眼光。

中国三位航天员

过去女性的活动方位被限定在洒扫庭除、操持家务，机械操作能力也就弱；当女性积极参与社会生产，情况就变了。现在女性科学家、工程师都很普遍。

二、如何打破性别刻板印象

性别刻板印象普遍存在，人们往往习以为常，但它却是性别偏见和歧视的温床，对生涯规划也会带来消极影响。

（一）别让性别限制你的选择

同学们回想一下自己小时候玩的玩具，男孩经常玩的是球、车、枪之类的玩具，女孩经常玩的则是洋娃娃之类的玩具。是因为男孩与女孩的喜好天生不同吗？

研究发现，这其实是受到了成人教养方式的影响。这里的男女有别是指社会性别，而不是生理性别。玩具就是玩具，孩子各不相同，应该根据个性而不是性别选择玩具。将玩具分性别，让男孩与女孩玩不同的玩具，源于人们的性别刻板印象。

男孩可以玩过家家、煮饭菜的游戏，女孩也可以玩探险、运动、竞技类的游戏。如果说玩卡车能学习操纵机械、培养创造力，玩洋娃娃能学习照顾人、培养爱心，那么这些游戏活动对男孩女孩的成长一样都是有益的。

被“抢走”的幼儿园男教师

在一所外语艺术职业院校的学前教育学院的报到现场，双胞胎兄弟刘鹍和刘鹏特别引人注目。

刘鹍和刘鹏都很喜欢小孩子，兄弟俩初中毕业后，相约一起读幼儿师范专业，一起做幼儿园老师，一辈子和小孩子待在一起。其实，他们的选择并非一时冲动，而是和父母家人持续讨论而做出的决定。

在现实中，幼儿园的男教师很稀缺，社会需求很大。幼儿园对男教师十分欢迎，男教师可以发挥他们在运动方面的优势，带着孩子玩篮球、踢足球等，做孩子们喜欢的活动。这对双胞胎兄弟的选择是明智而有远见的。

该学院院长坦言：目前学前教育专业中男生不足10%，孪生兄弟更是如同大熊猫般稀少，基本上是等不到毕业，他们早早地就会被各家幼儿园“抢走”了呢。

（二）别让性别限制你的学习与成长

如果你是女生，数学、物理学习碰到困难，有人安慰说，女生学不好理科挺正常的，你会放弃努力吗？

如果你是男生，如果语文、英语成绩不理想，会自我开解说：学语言不是男生的特长，为自己寻找托词吗？

“男学理女学文”也是性别刻板印象。有数据显示，中小学男生与女生的数学成绩并没有明显差异。

高层次人群中，差异扩大，偏向男性，比如数学家男性更多，是因为社会对男性学数学的期望更高，支持也更大。女性如果获得和男性同样的期待与支持，也会获得相当的成就。

这样的性别刻板印象往往被包装成所谓的“性别优势”。类似的还有男生擅长运动，女生擅长艺术；男生喜欢踢足球，女生喜欢跳啦啦操；等等。其实，运动并非男性优势，女生也能踢足球；艺术亦非女性特长，男生也能跳啦啦操。

（三）别让性别限制你的个性与表达

性别刻板印象还会影响我们的生活。例如，“男儿有泪不轻弹”，让男生不敢轻易地哭，怕被批评不像男子汉；“女性要乖巧”，让女生不敢怒，怕被嘲笑不够淑女。

人们的气质不同，个性有别，不能按性别简单划分为男刚女柔。我们每个人身上都兼具了刚与柔，只是程度不同而已。无论男女都会悲伤和愤怒，都需要适当宣泄。压抑悲伤不敢哭，压抑愤怒不敢说，都不利于身心健康。

进入青春期，同学们生理性别的差异逐渐显现，如女孩来月经，男孩有遗精，我们要根据性别差异做好青春期保健，同时积极发展自身潜能，突破性别刻板印象对自身发展的限制。别让性别限制你，积极过好初中生活每一天，全面发展，健康成长，你的未来将会有无限可能。

生涯知识

程序媛计划

这是一个帮助 7 岁以上女孩随时随地学习编程的免费公益网站，目标是鼓励女性进入科技行业，让更多女性爱上编程。

程序媛计划的参与者这样说：“很多人都有这样的困惑，女生到底适不适合学习编程做程序员。个人认为只有做了才知道。”“世界因多元而精彩，互联网要满足不同人群的需求，需要更多不同视角，所以更多女生的加入显得迫切。”“女性在理科方面拥有与男性相同的天赋，如果仅仅因为性别被拦在计算机科学大门外，那么对整个行业将是非常大的损失。”如果你对编程感兴趣，可以登录“程序媛计划”官方网站了解相关信息。

生涯活动

语言中的男生女生

请同学们分别把下图外围这些形容词和“男生”“女生”连起来读一读，读完之后，同桌之间交流一下你们的看法和发现。

活动规则：两人一组，例如，一个同学读“有领导力的男生”，另一个同学读“有领导力的女生”。以此类推，把外围的这些形容词分别和男生、女生连起来全部读一遍，之后彼此交流一下看法，分享一下，你身边是不是就有这样的同学或亲戚朋友呢？

一轮活动结束后，彼此交换角色，再读一遍，再次交流分享自己的看法。

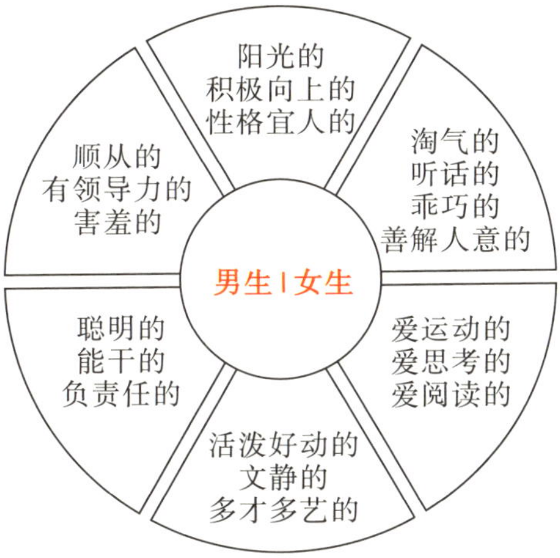

第三节　男生女生共携手，性别平等向未来

生涯名言

时代不同了，男女都一样。女人能顶半边天。

——毛泽东（思想家、政治家）

生涯故事

马拉拉：为女孩上学而勇敢奋斗

马拉拉

马拉拉，1997 年出生于巴基斯坦西北边陲的一个女孩。她 11 岁便登台演讲、撰写个人网志，以亲身经历反抗“不准女孩上学”的禁令。

2009 年，马拉拉成为当地的儿童教育会主席，2011 年获国际儿童和平奖提名。提名词写道：“马拉拉敢于站出来为自己和其他女孩争取权益，并利用国内和国际媒体让全世界了解到女孩同样有接受教育的权利。”

2012 年 10 月的一天，马拉拉在乘坐校车时遭遇保守派的枪击，经抢救后脱离危险。康复后的马拉拉在联合国发表了首次公开演讲，她说道：“我们的书籍和笔是世上最强大的武器。”劫后余生的马拉拉意志更加坚定，她把为同胞女性争取接受教育的机会作为她的使命。17 岁的马拉拉在 2014 年获得诺贝尔和平奖，成为最年轻的诺贝尔和平奖得主。

思考题：马拉拉身上的什么品质最为宝贵？

新中国成立以来，我国的性别平等事业发生了巨大变化，女性就业率居于世界前列，男女平等成为社会主流。男女平等是我国的基本国策。

一、男女平等事关每个人

性别平等是国家大事、人类大事，也是个人大事，与我们所有人的发展和幸福息息相关。联合国 17 项可持续发展目标，其中之一就是性别平等。性别平等的核心是尊重。尊重差异，尊重不同，尊重每个人按照自己的方式发展。

联合国 17 项可持续发展目标

二、家庭中的性别平等

同学们，随着年龄的增长，你生涯中的角色会越来越多，如为人子女、兄弟姐妹、女友男友、朋友、丈夫妻子、父母等。每一种生涯角色都意味着一定的权利和责任。家庭中的性别平等观念对于完成相应的生涯角色有积极意义。

在家庭中，统计显示（见下页统计图）：在平均工作时间上两性无明显差异，说明中国女性参与社会劳动比率很高，和男性基本相当；但在平均家务劳动时间上，女性明显高于男性，是男性的 2.5 倍，这就说明了职场女性依然承担了大部分的家务劳动，男性对家务劳动的付出时间远远不够。这是农业时代的“男主外，女主内”性别分工影响的结果。

居民一天中家务劳动时间与工作时间的分性别统计图

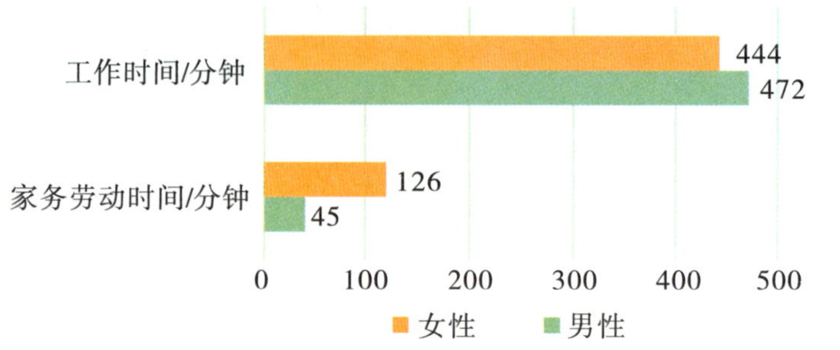

（根据国家统计局《2018 年全国时间利用调查公报》数据绘制）

现代社会，男人和女人共同承担起了社会责任、家庭责任和经济责任。2020 年以来，抗击新冠疫情第一线的医护人员，三分之二是女性。当女性在前线抗疫的时候，男性也主动承担了更多的家务劳动和育儿工作。

三、职场中的性别平等

在职场中，两性就业人数基本相当，但是女性领导干部比例相对较低。统计数据显示，2021 年的中国上市公司女性高管仅占 20%，重要职位更少，女性董事长的比例不足 6%。其实，女性并不缺乏领导力，缺少的是机会和鼓励。

女性在职业升迁上存在“玻璃天花板”，即女性在职位晋升过程中遭受的某些“透明、不易察觉”的障碍，就像玻璃天花板一样，阻碍了女性的职场晋升，这都是由性别偏见与歧视造成的。性别平等需要一代代人不断接力完成。

世界是多元化的，个体的性格也是多元的，女性也可以阳刚，男性也可以温柔，而不是只有刻板化的男女性别印象。其实，男孩阳刚很好，温柔细腻也很好；女孩温柔细腻很好，阳刚也很好。关键是要做自己，你的世界就会更精彩。

权利平等、责任共担、彼此协作、互相关爱，是新时代性别平等的目标。希望同学们携起手来，消除一切性别不平等的陋习，性别平等向未来。习近平总书记说“让性别平等真正成为全社会共同遵循的行为规范和价值标准”，这也成为同学们生涯探索的重要指南。

生涯活动

男女话题大挑战

第一步：话题罗列，即全班同学共同列出大家通常认为男生喜欢的话题和女生喜欢的话题。例如，“男生话题”包括体育运动、军事枪械、信息技术、电子游戏、政经时事、科考探险、侦探小说、说唱、摇滚、街舞等；“女生话题”包括歌舞艺术、时尚装扮、美食厨艺、生活小事、明星八卦、休闲观光、言情小说、艺术体操、花样游泳等。

第二步：话题大挑战，即女生挑战“男生话题”，男生挑战“女生话题”。挑战者就某一项要挑战的话题展开论述挑战，限时 2 分钟。

评价标准：发言切题，言之有据，逻辑清晰，让人信服，即可认定挑战成功。

生涯书籍

书名：《大女生》

作者：杨澜

内容简介：对于“大女生”的定义，作者认为，大女生就是拥有坚定的自我认同，敢于表达真实的愿望，勇于探索未知，无惧偏见与流言，善于学习和成长的一类女生。女性无论在哪个年龄，都要像大女生一样，拥有更大的世界与格局，突破自己的局限，大胆做自己，大气走四方。

全书共分为三个部分。第一部分是关于自我认知的，即“我是谁”；第二部分是关于成长的，即“成为谁”；第三部分是关于和谁在一起，即“与谁同行”。书后附有适合女性阅读的书单，推荐阅读。

生涯电影

片名：《摔跤吧，爸爸》

导演：尼特什·提瓦瑞

内容简介：影片是根据印度摔跤手马哈维亚·辛格·珀尕的真实故事改编的传记片。辛格培养两个女儿成为女子摔跤冠军的事迹，成为印度社会打破性别刻板印象的励志故事。

辛格曾是印度国家摔跤冠军，因生活所迫而放弃摔跤。他希望儿子帮他完成梦想——赢得世界级金牌，结果他和妻子一连生了四个女儿。本以为梦想就此破碎的辛格，却意外发现女儿身上的惊人天赋，他决定不能让女儿的天赋浪费，像其他女孩一样只能洗衣做饭过一生。深思熟虑后，他与妻子约定，用一年时间按照摔跤手的标准训练两个女儿：换掉裙子、剪掉长发，让她们练习摔跤。女儿不负众望，赢得一个又一个的冠军。女承父业在他们的家族职业传承中得到了实现。

第四章 职业大世界

凡事都要脚踏实地地去工作，不驰于空想，不骛于虚声，惟以求真的态度作踏实的工夫。以此态度求学，则真理可明，以此态度作事，则功业可就。

——李大钊（革命家、思想家）

一个人对职业的了解，主要是通过家庭、校园和社会等环境获得的。随着社会的发展，分工越来越细，每个人要立足社会，都需要在职业的大世界中找到自己立足的那个职业，通过职业为社会提供服务，获得生活报酬。

第一节　家庭与职业选择

生涯名言

能在一个人的身上留下不可磨灭的印记的总是家庭。

——宋庆龄（国家名誉主席）

生涯故事

中医世家

世家是指以某种专业世代相承的家族。山西榆次有一个传承了十五代的“医学世家”，从先祖至今，目前家族中从事医务工作的有十余人。高晨明作为高氏家族第十五代传人，受到家风的熏陶和父亲的影响，从小就对中医学非常感兴趣。

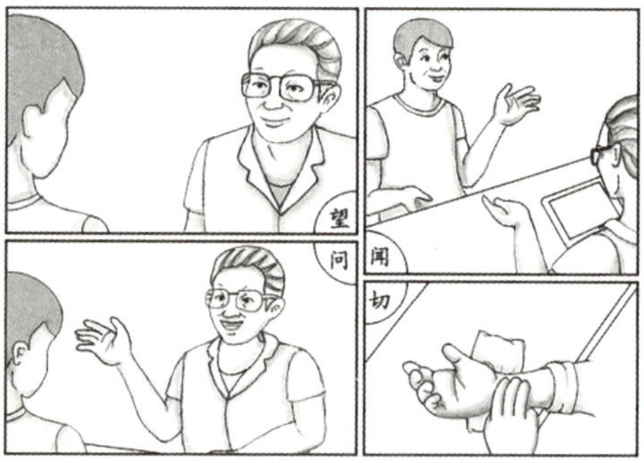

少年时期的高晨明，在医学上的天分已经崭露头角，加上父母亲的悉心教导，十二三岁的他已经能帮左邻右舍的人把脉论医了。高晨明出生在中医世家，但大学时却选择了西医专业。他说自己想成为一个集百家之所长、融会贯通中西医的好医生。

叶圣陶与他的文化世家

叶圣陶先生头衔众多，但他最钟情的还是“编辑”这一职业。他在编辑这个行业干了 70 多年，他的妻子也在出版社工作多年。

由于职业的关系，叶圣陶经常在家里听孩子们分享读书的心得，与孩子们一起改文章，启发孩子们一起来讨论。这种家庭氛围对后来孩子们的发展产生了深远的影响。

他的长子叶至善是中国少年儿童出版社第一任社长兼总编辑，女儿叶至美做过外文编辑，次子叶至诚曾担任大型文学刊物《雨花》的主编，孙辈中也有三位在文学创作以及出版事业上大放异彩。一代代的文化与专业传承，成就了叶家的文化世家。

思考题：世家对自己的下一代的职业选择有什么样的影响？

家庭对每个人的影响是多方面的，职业的选择也不例外。

一、家庭对职业选择的影响

生活中，经常会听到“中医世家”“教师世家”“文化世家”等词语，这就是家庭对下一代职业选择的影响。家庭氛围会让我们对某种技能更加熟悉，比别人更加清楚这种职业的特点。如果父母是医生，孩子对医疗和健康方面的知识会了解得更多；如果父母是财务会计人员，孩子对数字、报表会更熟悉。这让我们在日后进行职业选择时，可能会更倾向于选择与长辈相似的职业。

大家族里的职业

有时候，邻居、亲朋的职业也会对我们的职业选择有一定的影响。有人因为羡慕邻居阿姨的记者工作，经常到邻居家学习请教，通过不断的努力，最后报考了新闻专业，并成为一名记者。有人因为远房表哥在大学学习法学专业，在接触中发现自己也对此感兴趣，之后就追随表哥的脚步，考取了大学的法学专业，最后成为一名律师。

二、家族职业树

家族是一个有生命力的组织，生生不息。梳理一下自己的家族职业，用大树的形式绘制出来，是一件很有意义的事情，既增加了对家人职业的了解，也增加了亲密管理与彼此理解。

通过绘制家族职业树，聪聪了解了家族内部所从事职业的情况：姐姐当教师可能是受到爷爷奶奶都是教师的影响，而妈妈选择当会计师可能是因为外婆就曾是一名工厂会计。聪聪自己一直在数学方面有比较突出的表现，也可能是受到妈妈的影响。

当然，家庭所在地区的产业分布也会影响人们的职业选择，制造业发达的地区吸收的产业工人就多，旅游业发达的地方旅游服务行业的就业机会就多，农村地区从事农业生产的人就多。

通过职业树的梳理，能够帮助我们看到身边的职业，思考自己的定位。绘制家族职业树，看看自己家族中哪个职业出现的频率最高，家族中是否出现某种职业的代际传承，家族成员从事的职业有没有哪些相似之处，这些职业所需具备的能力有没有相似性。自身的一些兴趣、梦想、职业设想可能就来自家人。

家族职业树

生涯活动

家庭职业调查表

家族职业树是将家族中涉及的职业进行罗列，直观地呈现家族各个成员所从事的职业，帮助我们从更加宏观的角度了解家族对个人职业选择的影响：（1）祖辈中有哪些职业？（2）父母辈的爸妈、叔伯、姑舅等人中有哪些职业？（3）同辈的哥哥姐姐中有哪些职业？

家庭成员	年龄	从事职业	学历与专业	工资福利与收入	工作感受、体会与职业成就感
爷爷					
奶奶					
父亲					
母亲					
叔叔或姑姑					
舅舅或阿姨					
表兄或表姐					
其他亲戚					

第二节　校园里的职业

生涯名言

体力劳动对于小孩子来说，不仅是获得一定的技能和技巧，也不仅是进行道德教育，而且还是一个广阔无垠的惊人的丰富的思想世界。这个世界激发着儿童的道德的智力的审美的情感，如果没有这些情感，那么认识世界（包括学习）就是不可能的。

——苏霍姆林斯基（教育家）

生涯故事

想去学校工作的小铭

小铭一直认为，在学校里工作和生活是一件很幸福的事情。在报读大学专业时，喜欢计算机的他，选择了信息技术专业，期待能成为一名信息技术老师，但在求职做教师的过程中屡遭挫败。

就在他心灰意冷的时候，有人提醒他，你的目的是去学校工作。去学校工作还有很多种路径，你不妨去和学校有紧密合作的教育信息技术公司工作，也有机会被派往学校进行服务。

小铭恍然大悟，后来顺利入职一家专门为学校提供教育信息化服务的公司，并被派驻到学校里提供服务。

思考题：小铭是如何找到在学校工作的机会的？

一、校园职业体验

校园里有不少的职业岗位，也是职业体验的好场所。看看下列学校的一些职业体验吧，有兴趣的老师和同学，也可以在自己的校园开展类似的职业体验活动，相信你们会收获到不一样的感受，从被教育者转换到教育者、服务者的角色还是很不一样的哦！

校长小助理

学校面向全体学生设置了一个岗位："校长小助理"。袁理同学通过一轮轮竞选，成功当选学校"校长小助理"一职。

平日里，他要在同学们之间广泛收集意见和建议，并把有利于学校发展的建议汇总编辑成提案或建议书，然后向校长汇报，推动解决学生们遇到的问题和困难。

在此过程中，袁理深深体会到，这是一份事无巨细的工作，小到沟通协调，大到学校规划，要接触很多的人，有很多的锻炼机遇，对个人的综合能力有很大提升。

小小护花匠

学校开展了"我是护花匠"活动，需要在全校招募十几位小花匠。七年级的青青同学报名并如愿成为一名小花匠。这批小花匠要接受一系列培训，要跟着学校的花工学习护花知识，从植物的生长习性、对水分的需求、护理的注意要点等逐一学起，还要参加基础考核，过关了才能正式上岗。

学校对校园花草管理推行了包干制度，每位同学都有自己的"责任田"，学校的花工对小花匠们的工作进行监督和考核，小花匠青青也有了自己的一份责任哦！

小小图书管理员

慧慧从小喜欢看书，经常去学校的图书馆借书看书。她发现图书馆的借阅、整理工作很繁重，学校的管理员经常忙不过来。于是她自告奋勇申请做了图书馆的兼职管理员。

现在，她每天课后都会到图书馆帮忙整理图书。通过做兼职管理员，慧慧发现自己有更多的机会接触和阅读更多的书籍，极大地丰富和拓宽了她的阅读面。同时这个工作还能为老师和同学服务，她觉得非常开心。

校园“小飞鸽”

清泉学校校门口堆积了很多快递邮件，老师们工作繁忙，总是忘了取。建平同学看到后，就把这事记在了心里。他和同学们商量利用课间休息时间做校园的小飞鸽，给老师们把快递邮件送到办公室去。

为了准确派发快递邮件，他们还发动和组织了各个年级的同学一起参与。现在老师们再也不用操心拿快递邮件的事了，因为校园有了一群快乐的“小飞鸽”，能及时准确地把快递邮件送到身边。

二、校园职业大汇总

校园里，有不少的职业人员在工作。学校里面有老师，老师们也有不同的分工，比如负责统筹管理学校、对学校的发展负责的校长和副校长；具体执行各种学校业务的行政管理的德育处主任、教学主任等；负责教学辅助工作的教辅文印人员；负责学校后勤保障的物业人员，如清洁工、门卫保安、园丁花工等；负责学校师生每天用餐的后勤人员，如厨师、厨工等。

如果做一个大概的分类的话，学校的教职员有以下几类：

（1）学科教师，如语文老师、数学老师、体育老师、美术老师等。

（2）心理与生活教师，如心理老师、生涯指导老师、驻校社工等。

（3）党团干部，如党支部书记、团委书记、大队辅导员等。

（4）管理人员，如校长、副校长。

（5）中层管理人员，如教学主任、德育主任、年级主任等。

（6）教辅支持人员，如图书管理员、实验室管理员、文印员、信息技术支持人员等。

（7）后勤服务人员，如厨师、厨工、电工、水工、维修工、清洁工、花工、保安等。

学校作为社会机构，承担着特定的教育责任。虽然学校里工作人员的分工不同，每个人担负的责任不同，但所有工作人员都肩负着一个共同的责任，那就是育人，通过不同的岗位育人。所以，对在校园里工作的所有老师、职工和后勤服务人员，同学们都要给予同样的尊重。正因为他们在各自岗位上的共同努力，才保证了学校教育教学工作的正常运行。

三、社团活动与职业梦想

在学校里面，有丰富多彩的社团课程。一起来看看这些社团课程都能给我们带来哪些职业体验吧。

服装设计社团

在服装设计社团里，为了完成一件服装的设计，同学们经常需要设计文稿、裁剪布料、一针一线缝制，还需要上身展示，大家在这里充分体验了作为一名服装设计师的别样生活。小兰同学设计的服装在学校元旦晚会上作为优秀作品向全校进行展示，获得了师生的好评。她说她以后要继续设计出更好看的作品，努力成为一名真正的服装设计师。

小记者社团

晓晓是小记者社团的成员。为了做好一期采访，她每天都细心留意身边的大小事，捕捉有意义的话题。原本有些腼腆的她在一次次采访活动中逐渐变得阳光自信。她在采访中循循善诱，总能把握住问题核心，经常获得指导老师的表扬。她的采访也经常在校园电视台中播出，获得同学们的广泛关注，这让她觉得特别有成就感，她越来越觉得记者是一个很有意义的岗位。

舞蹈社团

小鑫跳舞天赋突出，在参加学校舞蹈社团后被老师一眼发现，慢慢成为学校舞蹈队的队长，并参加了很多场大型表演，还跟着老师学习了编舞。小鑫说社团打开了她的舞蹈新世界，她不仅要做一名舞者，更要做一名编舞师。

合唱团

初一时，小邹所在的学校组建合唱团，经过遴选，小邹入选了。在合唱社团里，小邹出色的声线、良好的表现力逐渐显露出来，连续两年拿到了“学校十佳歌手”的称号。

经过合唱团两年的训练，他对音乐有了更深入的认知，也了解了可以在中考时以音乐作为特长，参与选拔性考试。于是，他向父母表达了自己的想法，获得了家长、老师的支持，在初三时接受系统的训练，成功在特长生考试中取得优异的成绩，顺利入读了高中，朝着自己的梦想更进一步。

很多人的职业梦想也是在社团活动中萌发和孵化的。在校期间，同学们要多参加社团活动，积极探索自己的兴趣爱好，培养自身能力，发掘自身潜能。

社团是当代学生成长的重要舞台。社团是跨年级的，在这里，你可以认识很多志同道合者，认识有共同爱好兴趣的朋友。这种基于共同爱好兴趣的关系甚至会持续一生。

生涯活动

校园职业采访

校园是同学们最熟悉的地方，这里有很多伴随你成长、给你的学习和生活提供日常服务的职业人。和同桌讨论一下，找一位你最想采访的职业人，开始你的职业采访活动吧。采访结束后，记得和同桌分享你的感受哦。

职业访谈记录表			
访谈对象		时间	
职业		地点	
问题 1：您平时工作的内容是什么？			
问题 2：您在工作中曾遇到过的最大困难是什么？您是怎么克服的？			
问题 3：在您的工作中，最大的成就是什么？			
访谈感想			

第三节　了解社会职业

生涯名言

在选择职业时，我们应该遵循的主要方针就是人类的幸福和我们自身的完美。

——马克思（革命家、思想家）

生涯故事

在日常生活中，我们会和身边各种各样的职业打交道。下面是小暖同学在小区一天生活中遇到的各种职业，这些职业在某个方面为我们提供了不同的服务。

小区里的各种职业

今天是周末，小暖一觉醒来发现已经九点多，这个觉睡得真是太爽了。不过他得赶紧下楼去买早餐，太迟了的话，早餐就卖完了，早餐店老板就下班走人了。下楼时，他遇到了清洁工师傅，师傅还是和往常一样笑呵呵，不紧不慢地做着他的工作。

吃完早餐，小暖去了旁边的宠物店，和小猫小狗们玩了一会。宠物店员工在忙着各种事务。这些软软萌萌的小动物真是太可爱了。今天小暖要给家人做午饭，在小区的超市里，他挑了几样蔬菜，收银员一边收银一边帮忙打包。

中午，小暖还叫了个外卖，不到 30 分钟送餐员就送到了，比萨真是太美味了。下午，楼下的幼儿园在举办亲子活动，老师、家长和孩子们玩得很开心，热闹极了。今早出门时看到新开的理发店在搞促销打折活动，小暖就约了同学傍晚一起去理发，认识一下新的美发师。

晚上，小暖和爸爸妈妈一起参加了社区组织的非遗文化进社区活动，在社工的耐心指导下，他顺利完成了一个剪纸作品，妈妈说要帮小暖装裱起来。今天真是丰富多彩的一天啊。

思考题：小社区也是大社会，小暖一天中都和哪些职业人员打过交道？

一、社会上的三大产业

社会经济分为三大产业，即第一产业、第二产业和第三产业，分别对应农业、加工制造业和现代服务业或商业。

每个产业都分布有大量的职业。职业是个人参与社会分工，利用专门的知识和技能，为社会创造物质财富和精神财富，获取合理报酬作为生活来源，同时满足个人精神需求的劳动机会。

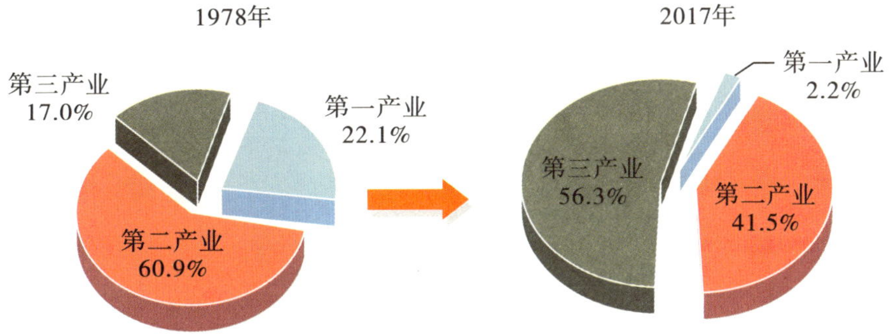

还有一种分类——联合国为统一世界产业分类、便于经济统计，把人类的经济活动分为十大项，即：（1）农业、狩猎业、林业和渔业；（2）矿业和采石业；（3）制造业；（4）电力、煤气、供水业；（5）建筑业；（6）批发与零售业、餐馆与旅店业；（7）运输业、仓储业和邮电业；（8）金融业、不动产业、保险业及商业性服务业；（9）社会团体、社会及个人的服务；（10）不能分类的其他活动。这十大项中的每一项都有大量的职业分布。

二、社会职业知多少

随着社会分工的不断细化，职业也在不断变化。现在社会上到底都有哪些职业呢？在我国，有一个比较权威的职业分类大典——《中华人民共和国职业分类大典（2015 年版）》，我们一起来了解一下吧。

《中华人民共和国职业分类大典（2015 年版）》参照国际标准，借鉴国际先进经验，充分考虑我国社会转型期社会分工的特点，运用科学的职业分类理论和方法，按照以“工作性质相似性为主、技能水平相似性为辅”的分类原则，将我国职业分类体系调整为 8 个大类，75 个中类，434 个小类，1 481 个职业，并列出了 2 670 个工种，还专门标注出了 127 个绿色职业。

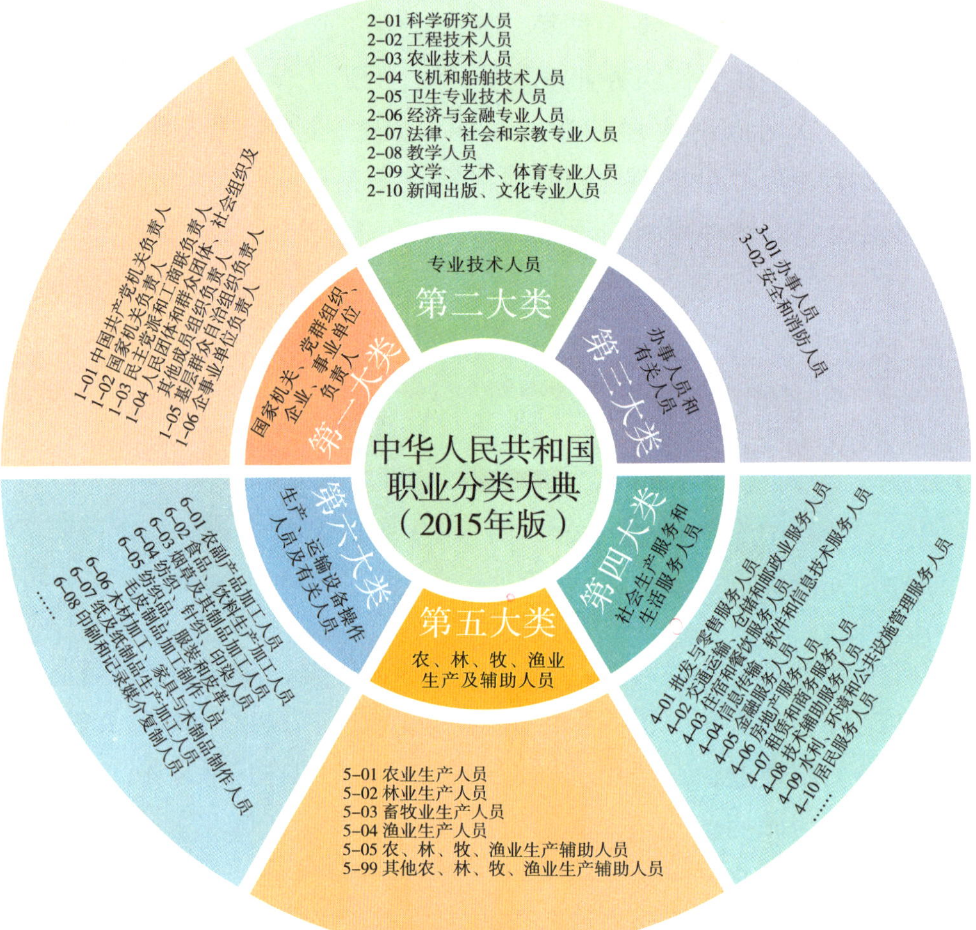

第四大类补充:

4–11 电力、燃气及水供应服务人员
4–12 修理及制作服务人员
4–13 文化、体育和娱乐服务人员
4–14 健康服务人员
4–99 其他社会生产和生活服务人员
4–99–00–00 无人机驾驶员

第六大类补充:

6–09 文教工美、体育和娱乐用品制作人员
6–10 石油加工炼焦、煤化工生产人员
6–11 化学原料和化学制品制造人员
6–12 医药制造人员
6–13 化学纤维制造人员
6–14 橡胶和塑料制品制造人员
6–15 非金属矿物制品制造人员
6–16 采矿人员
6–17 金属冶炼和压延加工人员
6–18 机械制造基础加工人员
6–19 金属制品制造人员
6–20 通用设备制造人员
6–21 专用设备制造人员
6–22 汽车制造人员
6–23 铁路、船舶、航空设备制造人员
6–24 电气机械和器材制造人员
6–25 计算机、通信和其他电子设备制造人员
6–26 仪器仪表制造人员
6–27 废弃资源综合利用人员
6–28 电力、热力、气体、水生产和输配人员
6–29 建筑施工人员
6–30 运输设备和通用工程机械操作人员及相关人员

在职业分类大典中，除了上图六类外，还有第七大类军人和第八大类不便分类的其他从业人员。

中华人民共和国职业分类大典（2015 年版）（部分）

三、职业道路的选择

一个人立足社会，必须要为社会提供自己的服务，成为一个对社会有用的人。一般一个人靠自身服务立足社会，职业选择的道路主要有三种。

第一种是就业之路，主要就是到企事业单位、公司、工厂上班工作。这条路上始终充满着机会和想象，却竞争激烈，供大于求是不争的现实，就业之路压力大。这是大多数人选择的道路。

第二种是创业之路，就是自己创业做老板。创业者需要具备企业家精神，要有超乎常人的毅力、眼界、能力，能够承受创业失败的压力和损失。这是一条只适合少部分人的道路。

第三种是自由职业之路，这是一条更个性化、多元化、让不同特长的人各行其道的职业之路。自由职业一般投入成本少，失败概率小。自由职业者自古就有，如小本生意人等。随着社会的发展进步，选择自由职业的人越来越多。

同学们在生活中，经常会遇到这三种不同职业道路上的人，有的同学父母在单位上班，有的同学父母创业做老板，有的同学父母开店做小老板、做律师、做保险顾问等。

越来越多的自由职业者

自由职业一般包括个体户、专业人士（如摄影师、专利代理人、律师、会计师、牙医、技术顾问、管理顾问、工程监理、艺术家、演员、歌手等）、没有底薪的推销员（如寿险顾问、地产经纪、广告中介、直销人士）等。

当代都市的自由职业者多为文艺人员，如自由撰稿人、平面设计师、工艺品设计人员、音乐人、电脑精英、策划人等。随着信息技术的不断发展和专业的不断细化，远程办公成为现实，将会有越来越多的自由职业者出现。

四、不断出现的新兴职业

随着科学技术的日新月异，尤其是智能机器人的大量出现，很多原有的职业在慢慢消失，新兴职业在不断出现。

有研究发现，最容易被人工智能（AI）替代的职业有电话销售员、采购员、报税人、银行柜员、行政助理、手表修理工、数据输入员、会计、档案员、司机、理赔员、审查员和调查员、接待员等。而最不容易被人工智能替代的职业有心理治疗师、社工、小学教师、医生、法医、作家、律师、婚姻家庭咨询师、职业顾问、矫形师、编舞、设计师和营养师等。

同学们在选择未来职业的时候，要有宽广的视野，尽量选择不容易被人工智能替代的职业领域，加强自身情商培养，要有人文关怀的理念，加强人际交往能力。

工业机器人系统操作员

作为全球工业机器人销量最多的国家，工业机器人已经越来越广泛应用在我国制造业的各个角落，而对于掌握工业机器人操作、维护、调试、故障排除以及系统集成等技术的工程师的需求也越来越大。工业机器人系统操作员就是这样的工程师。这类职业缺口大，就业前景好。

新媒体运营官

随着新媒体的兴起，各类品牌开始进驻各种新媒体平台，新媒体运营官就是帮助公司策划品牌相关的优质、易传播的宣传内容，向客户广泛或精准地推送消息，从而使公司增加粉丝、提高知名度、达到营销目的的职业。

什么是绿色职业？

绿色职业是指在农业、制造业、研发部门、管理和服务业领域有助于持续保护和恢复环境质量的职业。它主要指那些帮助保护生态系统和生物多样性的工作，或通过高效的方式减少能源、材料和水的消耗的工作，或是减少或避免所有形式的废弃物和污染物产生的工作等，这是一种对环境友好的职业。

还有一种对绿色职业的理解是对工作者身心健康无负面影响，甚至有助于工作者身心健康的职业。随着社会物质财富的积累，绿色职业会越来越受青睐，并且可能会成为社会的主流职业。

中国职业节日

日期	职业节日
1 月 10 日	中国人民警察节
5 月 12 日	国际护士节
8 月 19 日	中国医师节
9 月 10 日	中国教师节
9 月 23 日（秋分日）	中国农民丰收节
11 月 8 日	中国记者节

生涯活动

10年后的个人简历

为10年后的自己制作一份求职简历，可包括以下内容：（1）教育背景，即毕业院校及学历（如大专、本科、双学位、研究生等）；（2）读书期间担任学生会、社团干部等；（3）社会实践，义教或志愿者工作经历等；（4）专业实习、暑期实习工作；（5）获得的各种奖励及奖学金等情况；（6）个人爱好、特长等；（7）中学情况（例如中学参加的社团活动、比赛、志愿者活动等经历）；等等。

求职简历

个人概况						
姓　名		性　别		民　族		
政治面貌		身　高		籍　贯		
出生年月		学　历		学　位		
毕业院校		专　业				
电话、邮箱						
求职意向						
实习与工作经历						
专业技能						
自我介绍						
个人爱好						
请给我一个机会！						

生涯书籍

书名：《自己拯救自己》

作者：塞缪尔·斯迈尔斯

内容简介：斯迈尔斯常去利兹市给一群困苦无助的年轻人演讲，演讲效果远超预期，于是斯迈尔斯将演讲内容整理成文字出版。演讲让这群迷茫的年轻人明白：在通往成功与幸福的道路上，总会遇到各种各样的挫折和磨难。只有拥有坚定的信念，依靠坚强的意志力，以及无可替代的勤奋，才能战胜困难，柳暗花明，最终通向成功与幸福。另外，寻找一个榜样，培养正直、诚实的品质，并严格履行自己的职责是更重要的事。

生涯电影

片名：《Hi 新职业》

出品：中央广播电视总台影视剧纪录片中心

内容简介：随着社会的快速发展，每天都有新的职业出现，系列纪录片《Hi 新职业》介绍了五个新职业，即民宿试睡师、实景地图采集员、铁甲设计师、犬行为训练师、农业经理人。

影片讲述“新职人”勇于冲破职业束缚、敢于面对未知、寻找自己职业定位的故事。他们把爱好变成职业，把业余做成专业，把梦想和现实紧密结合，不停探索“新职业”的边界和可能性，积极寻找自己的职业定位。这种敢于尝试、勇于创新的能力，让职业生涯之路变得更加神奇、有趣、有意义。

第五章 初中升学路径选择

撇开友谊，无法谈青春，因为友谊是点缀青春的最美的花朵。

——池田大作（作家）

教育离不开社会需要，职业教育和普通教育之间呈 1：1 比例，有一半学生读职业高中，一半学生上普通高中，这是因为社会各行各业既需要少量高精尖的研究人员，更需要大量的具有实操技能的技术工人，因此，未来技术技能型人员就业机会更多。

普通高中要选择适合自己的。有些高中高分段的学生比较集中，将来升入高水平大学的可能性也比较大，但是可能学习压力很大。有些高中侧重艺术类、体育类、传媒专业等，学生可以通过不同路径参加高考，从而进入心仪的大学。

选择职业学校时，要关注专业发展路径。例如有些专业是“三二对接”转接，即在中职学校读三年后，通过“3+ 专业技能证书”考试，再进入相应专业的高职院校读两年，就可以获得大学专科毕业证书。

第一节　初中生升学路径

生涯名言

书，能保持我们的童心；书，能保持我们的青春。

——严文井（儿童文学家）

生涯故事

基于智能优势，做出合适的选择

晓晴是一个活泼机灵、能说会道的女生，可她每天放学后还经常要上辅导班。父母希望她通过补课来提高中考成绩，但她的成绩一直没有多大提升。面对初三升学，她陷入了两难：升普通高中继续在补课中煎熬，还是去中职学校学习一门适合自己的技术呢？

面对父母希望自己读高中、考大学的期盼，晓晴拿出生涯老师指导她分析的自己的优势智能：语言智能和音乐智能。她认为，比起学习数理化，她更适合去学习和语言、音乐相关的专业技术。晓晴最终选择了电子商务专业。父母了解了多元智能教育理论后也改变了想法，全力支持女儿的科学规划。

晓晴在中职学校学习电子商务专业后如鱼得水，她的商品整合能力、视觉营销能力、客户服务能力、网络营销能力、店铺规划能力以及创新创业能力都得到了飞速的提升，并在全国职业院校技能大赛中荣获一等奖，她个人也被评为“学习标兵”，更被某知名高职院校保送录取。看到女儿欢喜地捧着大学录取通知书回家，父母感叹道：当初孩子根据自己的优势选择专业是多么明智啊！

思考题：晓晴的哪些智能优势助力了她的专业发展？

一、初中生升学路径图

人生的道路是自己走出来的，我们就是自己人生的总设计师。要想实现少年时代的理想，创造明日的辉煌，就必须正确了解自己，选择适合的职业方向，为自己的人生树立起一个明确的方向和目标。

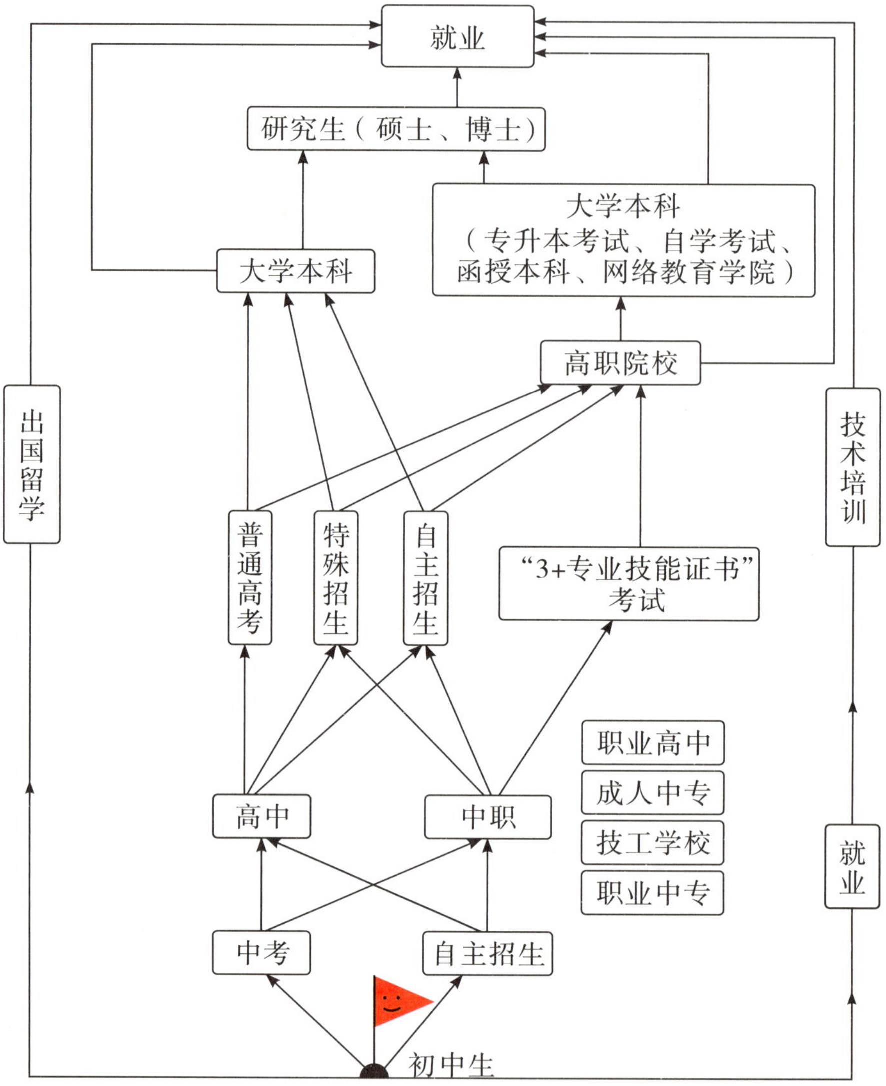

初中生升学路径图

二、中考及其应对策略

（一）中考

中考，即高中入学考试。中考既是义务教育结束的学业水平测试，也是一次高中学校的选拔性考试。因此，中考既要考查基础知识、基本方法和基本技能，也要考查学科能力与学科素养。

选拔考试，意味着一部分具有较高学业成绩和较强学术潜力的学生将进入普通高中学习，而另外一部分学业成绩一般但动手操作能力强、有职业兴趣的学生，将会进入职业学校学习。

走向全省范围统一命题是中考的大趋势。2023 年广东省教育厅发布的关于深化高中阶段学校考试招生制度改革实施意见，从 2024 年起，初中学业水平考试涉及九个科目，即语文、数学、外语、道德与法治、历史、地理、物理、化学和生物学。笔试由省级统一命题，各市组织实施。

同学们要多收集中考信息，关注各级教育考试机构的公众号，了解最新的中考形势，向老师、学校和相关部门咨询中考政策信息。你还可以利用高中学校的组织招生、艺术特长生、指标到校等途径升学。

（二）应对策略

1. 明确升学目标，制订复习计划

“凡事预则立，不预则废。”有明确的升学目标对于中考应试成功十分重要。同学们要依据升学目标，制订详细的学习计划。计划既要有总体计划，又要有阶段计划，两者互相推进，直至目标达成。

2. 组合复习方法，提高学习效果

中考注重基础知识，考查基础知识与基本技能的试题所占比例约为65%，所以复习时应以课本为中心，围绕学科主干知识、核心概念等建立学科知识思维导图，加强理解和记忆，通过梳理知识，培养学习能力。

复习阶段要注意劳逸结合，学习和休息交叉安排，学习45分钟，休息15分钟。在抓紧学习的同时，适当进行体育锻炼，对学习有促进作用。当运动中枢神经兴奋的时候，学习中枢神经可以得到放松。因此要保证每天有足够的运动量。良好的运动习惯，会让人终身受益。

3. 养成良好的考试习惯

在考试过程中，这些习惯也很重要：①养成限时练习的习惯，平时让自己在规定的时间内完成练习。如果平时就把练习当作考试，自然会养成良好的考试习惯。②做好时间分配。考试中遵循“先易后难”的原则，保证会做的题目都要正确作答，不在难题偏题上浪费太多时间。③试题做完后要养成检查的习惯。④调整好考试心态。考过的科目不再想着哪个地方没做好，要迅速调整心态，全身心迎接下一科考试。

在现代社会，考试是一种能力，因此要学会考试。考前可以做一份卷子模拟一下，看一下自己的水平，发现哪些地方自己还不会，然后再次复习看书，有困惑的地方要及时找人辅导，并融会贯通。

良好的心理素质助力现场发挥

美国篮球运动明星乔丹的心理素质，无论赛场上下都极其出色。赛前，他总是极为放松。在运动休息室里，人们最常见的一个场面就是乔丹头戴耳机，躺在长椅上欣赏音乐；或者就是纹丝不动地坐定，平静内心的起伏，争取让精神状态高度集中。在比赛期间，乔丹显得十分冷静，因为他明白仅有冷静才能最大限度地观察情景，发挥水平，最大的爆发来自最深沉的冷静。正是这种良好的心理素质，造就了他球场上的成功。

三、中考后的普职分流

（一）什么是普职分流

普职分流具体是指普通教育和职业教育的分流。我们国家是在义务教育结束后根据中考学业成绩和学生自身兴趣爱好引导学生做出不同的升学路径选择。中考也是孩子们面临的第一次教育分流，高中是进入普通高中，还是职业高中，即普通教育和职业教育的分流。

关于普职分流，世界各国根据社会对人才的需要，都做出了制度设计，但做法略有不同。

例如，法国和德国学生的第一次普职分流是在小学毕业，学校根据学生的评价，对家长和学生提出升学建议，引导青少年根据自身兴趣爱好选择学术类中学或职业技术中学或综合中学等不同教育路径。

美国和澳大利亚的普职教育分流不明显，更多是把职业教育和普通教育融合起来，通过办综合中学，或者在普通高中里开设大量的职业类课程，通过选修课的形式引导学生做出不同的选择。

新加坡的教育分流做得比较早，通过语言学科和数学等基础性学科，引导学生选择不同的教育路径。

（二）为什么要做普职分流

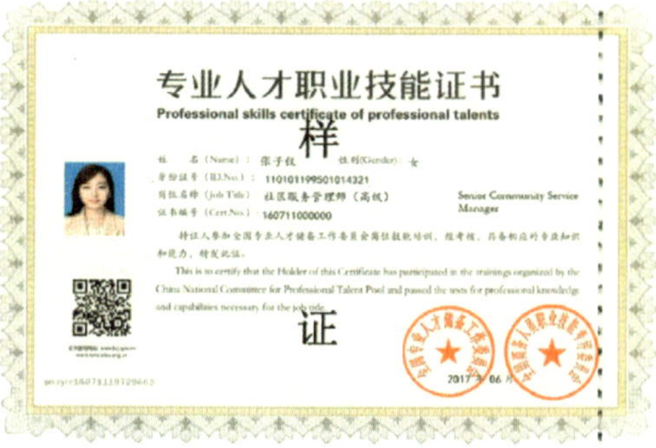

很多家长都在问，为什么国家要在政策层面做出普职分流的设计，而且还提出了中等普通教育与职业教育比例为 1 : 1 的具体政策要求呢？

世界上的制造业强国德国和日本的高技能人才比例很高。统计数据显示，德国的高技能人才占技术人才的 50%，日本为 40%，而我国高技能人才占比为 26.3%。

“为什么我们可以造高铁，却造不出好用的笔芯？”这是中央电视台某个节目的主题，也是一个值得所有中国人思考的问题。

其实，这种局面的出现与我国高技能人才缺乏有关。因此，国家提出中等职业教育在校生与普通高中在校生比例为 1 : 1，即中等职业教育与普通高中教育的比例大体相当，这是一项重要的教育政策，也是国家人力资源开发的重要战略。

“以促进就业和适应产业发展需要为导向”的中职学校是培养高素质技术技能人才的重要基地。职业教育在我国一直发挥着重要的人才培养作用。目前，我国职业教育系统提供的技能型人才占到全国人力资源结构的 47%，几乎占到人力资源的半壁江山，我们怎么能不重视职业教育呢？

例如，生活中、工作中很多为我们提供服务的电梯维修工、空调安装人员、汽车维修人员、航空铁路地铁、餐饮烹饪等技术和服务人员都是职业技术院校的毕业生，他们以出色的工作、产品、服务等为企业赢得效益，为社会做出贡献。他们为个人发展找到合适的发展道路，也获得了社会的认可和人们的尊重，因此有很强的职业成就感。

生涯知识

职业教育中的“双元制”培养

“双元制”是德国在技能型人才培养方面的典型模式，即企业和学校共同合作培养技术人才，学生在企业和职业学校里交替学习，并具有“双重身份”。学生首先与企业签订培训协议成为“学徒”，在企业接受实际操作方面的培训，也有实习工资；同时，他们也是职业学校的学生，学习相应的理论知识。企业与职业学校双方共同完成对学生的培训培养。学生在企业实习和在校进行理论学习的比例大约为 7 : 3。“双元制”为学生提供了良好的就业机会、国家认可的职业资格证书、贴近职业实践的学习以及足够的生活津贴。“双元制”职业教育也有助于德国青年的高就业率。数据显示，2020 年德国 15 岁至 23 岁年龄段群体的失业率为 5.6%，过去 10 年这一数据始终维持在 7% 以内，在欧盟国家中表现优异。

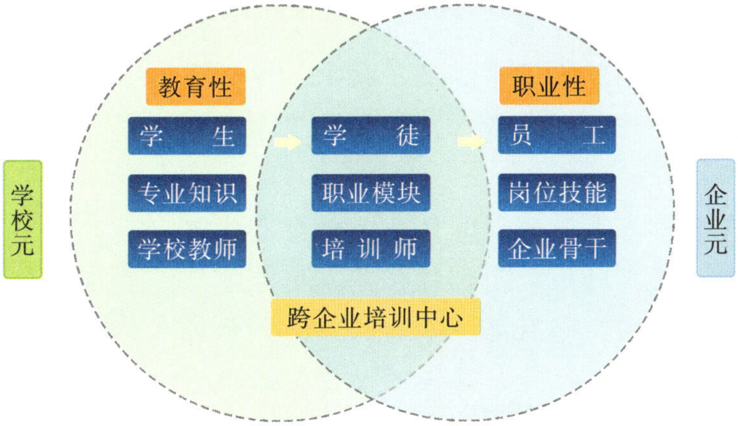

“双元制”模式

“双元制”技工培训近几年也被中国的一些企业借鉴采用。学生一方面可逐步学会处理实际问题的本领，全面掌握职业技能，有利于熟悉企业生产过程和管理机制，养成遵守劳动纪律和安全规程的习惯；另一方面，他们从一开始就和企业建立关系，在学习职业技能的同时，也可逐步学会如何融入团队和怎样与同事、与社会打交道。

第二节　了解普通高中

生涯名言

理想是需要的，是我们前进的方向，现实有了理想的指导才有前途；反过来，也必须从现实的努力中才能实现理想。

——周恩来（中华人民共和国第一任总理）

生涯故事

阿杰与篮球——运动使你更自信

阿杰小时候是个小胖子，经常被同学笑话，被同学欺负也不敢说，胆小怕事。上了初中，进入青春期的阿杰个子一下长到一米八，被招入了学校篮球队。

篮球队每天都有大量的训练任务。针对有些肥胖的阿杰，教练还额外增加了训练任务。一个学期下来，阿杰不仅瘦了，而且浑身带着肌肉感。打篮球不仅训练了他强健的体魄、灵活的动作，而且培养了他的团队协作精神。阿杰在篮球赛场上积极主动，不畏对抗，与队友配合默契，表现突出，因此被选为校篮球队队长。

篮球运动使阿杰变得自信大方、勇敢担当，他成了学校的篮球明星。进入高中后，阿杰坚持进行篮球训练，最后以篮球专业进入体育学院学习。后来，阿杰在大学做体育教师，培养了无数的篮球爱好者，也把自己的自信传递给了更多的人。

思考题：你最喜欢什么体育项目？你准备为自己制订怎样的锻炼计划？

初中毕业，我们面临人生的第一次选择：读普通高中，还是读职业学校？这取决于对内你是否全面客观地了解自己，对外你是否了解普通高中和职业学校的区别。这一节我们将带领同学们了解普通高中。

一、普通高中定位与招生

（一）关于普通高中定位

普通高中教育是在义务教育的基础上进一步提高国民素质、面向大众的基础教育，任务是促进学生全面而有个性地发展，为学生适应社会生活、高等教育和职业发展做准备，为学生的终身发展奠定基础。

普通高中的培养目标是进一步提升学生的综合素质，着力发展核心素养，使学生具有理想信念和责任感，具有科学文化素养和终身学习的能力，具有自主发展能力和沟通合作能力。中国学生发展核心素养（如图）主要指学生应具备的，能够适应终身发展和社会发展需要的必备品格和关键能力。

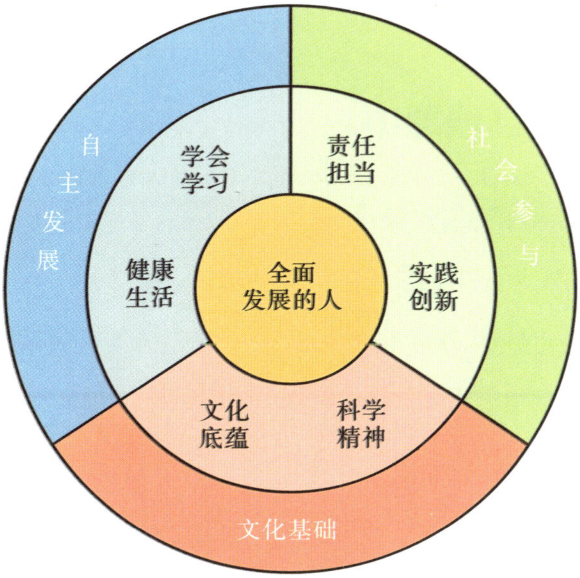

中国学生发展核心素养

（二）普通高中学校的招生形式

（1）优质高中学校招生名额分配到初中学校。每所优质高中学校要安排不低于 50% 的招生名额，主要按初中学校在校生数，直接分配到区域内各初中学校。

（2）部分学校自主招生。一般比例控制在学校年度招生计划的 10% 以内，选拔具有学科特长或创新潜质的优秀学生。

特色招生是指特色高中要招收适合办学特色的学生，招生计划含大约 15%~25% 的特长生，一般包括体育、艺术、科技等特长特色类型，根据初中学业水平考试成绩和综合素质评价等开展自主招生。

（三）公办高中和民办高中

由于是非义务教育，我国的普通高中又分为政府出资的公办高中和民间资本出资的民办高中。公办高中是由政府财政拨款设立，数量与办学规模比较大；民办高中的办学经费来源于非国家财政性经费，办学规模大小不等，学费较高，招收学生灵活度更大，不受户籍、区域、学籍限制。无论是公办高中还是民办高中，使用的课程教材都是一样的，只是出资方不同而已。

二、多样化的普通高中

高中是人才培养的重要阶段，为了适应学生多样化发展的需要，教育部提出了高中学校要“分类办学改革，多样化发展”的政策指引，同时倡导高中学校错位发展，办出特色，满足学生对科技、人文、体育与艺术、综合等多个领域的需要，有效满足学生多样化学习需求。

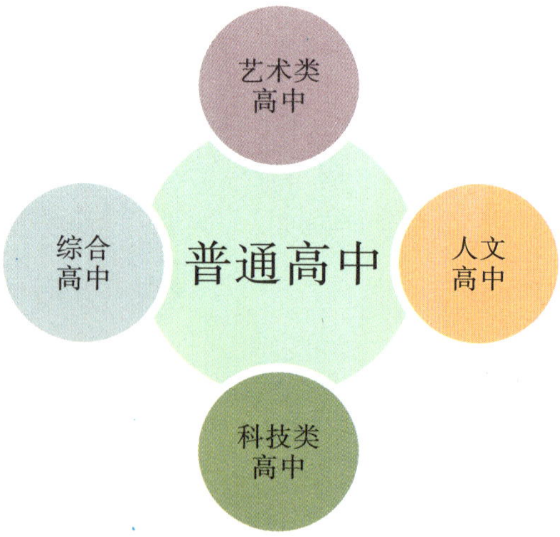

多样化高中

（一）科技类高中

科技类高中有较为成熟的科学和技术教育特色课程体系及实施体系，并形成科技人才培养的办学优势和风格，包括学术高中、数理高中、科技高中等类型。

以科技创新为特色的高中学校，一般会在国家必修课程之外，开设丰富多彩的科技特色课程及活动，拥有机器人与人工智能、航空航天、化学与材料科学等各种创新实验室，鼓励学生在体验中发现，在发现中探索，在探索中创造，培养学生的科技探究素养，提高学生的科技创新能力，致力于培养科技创新拔尖人才。

（二）人文高中

人文高中一般有较为长期的积累、成熟的人文教育特色课程体系及实施体系，并形成人文和社科人才培养的办学优势和风格，包括文史高中、外国语高中等类型。

以外语为特色的外国语高中在课程设置、师资配备等方面资源更丰富。外国语高中实行小班化、全外语教学，学校活动和教学中使用外语的氛围较为浓厚。为适应新时代外语人才培养的需求，不少学校还开设了法语、德语、日语、俄语、西班牙语等非通用语种课程，满足学生发展的需要。

（三）艺术类高中

艺术类高中有较为成熟的体育和艺术教育特色课程体系及实施体系，并形成体育和艺术人才培养的办学优势和风格，包括艺术高中、美术高中、音乐高中等类型。

为了满足具有较高艺术天赋和兴趣的学生的个性化发展，艺术类高中以美术、音乐、舞蹈、传媒、戏剧等专项培养为基础，致力于培养艺术特长类人才。这类高中学校一般会把艺术基础类专业课程纳入教学体系，教师中有比较多的艺术师资，学校设备也致力于为艺术生服务，升学目标是各类艺术类高校。

（四）综合高中

综合高中主要以培养职业技能人才为办学特色，将学科教育和技能教育相结合，开设普职融通班或职业技能课程。另外，国家鼓励学校积极探索创新，围绕金融高中、中医药高中、航海高中等开展特色创建工作。综合高中一般有较为成熟的融通普通教育和职业教育的特色课程体系及实施体系，并形成职业技能人才培养的办学优势和风格。

网络直播实训室

三、国际高中课程

国际高中一般采用国际课程体系，如国外中学课程、国外学校文凭课程等，是为未来计划出国留学的学生而设计的。目前，国际高中的主要课程体系有三种，即国际通行的 IB 证书课程、英国的 A-Level 课程和北美的 AP 课程。

（一）IB 证书课程

国际预科证书课程（international baccalaureate diploma program，简称 IB 证书课程）是由国际文凭组织为高中生设计的为期两年的课程，根据难度分为标准课程（standard level）和高级课程（higher level）。IB 证书课程要求学生至少选六门课，其中至少有三门是高级课程。

除了课程学习，要想获得 IB 证书的学生，还需两年内完成 150 个小时的社会实践活动。所以，IB 证书课程不仅注重基础知识的教学，也关注学生个人素质、兴趣和能力的培养。美、英及加拿大很多高校都把 IB 文凭认定为优良的入学资历。

（二）英国的 A-Level 课程

A-Level 课程是英国高中高级证书课程，是高中阶段国际声誉最高的课程体系。剑桥大学国际考试委员会（CIE）是 A-Level 课程与考试的主要管理机构之一。学生通过考试可获得由 CIE 颁发的剑桥国际高中课程证书。

A-Level 课程学习学制一般为两年，不同的是学生可以根据自己的情况从 60 多门课中自由选择 3~4 门课程学习。A-Level 学科的考试是分模块进行的，如果一轮考试中某一科的某一模块没有考好，隔半年下一轮还可以重考。A-Level 课程成绩可作为进入英国高校的“敲门砖”，并且被部分美国大学认可。

（三）北美的 AP 课程

美国大学先修课程即 AP 课程（advanced placement）已在美国 15 000 多所高中里普遍开设。该课程是美国大学理事会（College Board）主持推动的系列大学预备体系课程，共有 7 大门类 36 科，学生可以选修这些课程，在完成课业后参加 AP 考试，得到一定的成绩后可以获得大学学分。

生涯活动

寒（暑）假职业体验活动

实践岗位基本信息			
实践单位		单位地址	
实践岗位		实践导师	
实践日期		单位联系电话	
实践工作日志：工作时间、内容，以及个人感受等			
实践评价（由实践导师填写）			

生涯书籍

书名：《认识自己，接纳自己》

作者： 马丁·塞利格曼

内容简介： 作者马丁·塞利格曼是“积极心理学之父”。他告诉我们：有些行为是可以改变的，但有些行为和特征却改变不了。对于那些可以改变的行为，我们要鼓起勇气，用积极的态度去改变；对于那些无法改变的，我们要用宽大的胸怀接纳它们，并学习一些技巧去应对它们，尽量使它们不影响我们的生活和工作。

你真正认识你自己吗？如何与坏情绪相处？如何善待坏习惯？你减肥能成功吗？这些问题，在这本书中都能找到答案。本书以有趣的例子和简明的语言展示了积极心理学的魅力，你可以获得宝贵的建议和方法，更能学到自我提升的技巧，实现自我的蜕变。

生涯电影

片名：《叫我第 1 名》

导演： 彼得·沃纳

内容简介： 电影根据真实故事改编。布莱德患有先天性的痉挛疾病，导致他无法控制地扭动脖子和发出奇怪的声音。小学时，因为没办法克制发出怪声，他被认为是不受管教的坏小孩。初中时，校长在一次全校大会上巧妙地让大家了解了布莱德的真实情况，布莱德并不是故意作怪。这次机会也让他有了成为一名教师的梦想。

大学毕业后，布莱德去各个学校面试求职，但校方总因为他的症状而抱有怀疑的态度。布莱德不抛弃梦想，不放弃信念，默默努力着。在参加了 25 所学校的面试后，他最后找到一个愿意接受自己的学校，终于梦想成真。

第六章 走进中职学校

只有进行了激情奋斗的青春，只有进行了顽强拼搏的青春，只有为人民作出了奉献的青春，才会留下充实、温暖、持久、无悔的青春回忆。

——习近平（中共中央总书记）

三百六十行，行行出状元。

——中国谚语

初中毕业，同学们面临着人生中的第一次选择：究竟是上普通高中走综合发展道路，还是选择上职业学校，进入一个专职领域学习呢？面对选择，同学们的担心、纠结是难免的。

同学们要树立“天生我材必有用”的信念，对自己的生涯发展充满信心。在选择的关键时刻，要认真分析自己更适合做什么，多点咨询和规划自己的生涯发展路径，树立最适合自己的人生目标，并向着目标坚定前行。

第一节　中职学校的课程与培养模式

生涯名言

一切伟大的理想，都从现实社会的具体分析得来。

——张闻天（革命家）

生涯故事

世界技能大赛冠军、青年建筑工匠——梁智斌

建筑工匠梁智斌

2017年10月，来自广东湛江的青年工匠——梁智斌，代表中国参加在阿联酋举办的第44届世界技能大赛砌筑类比赛，在29个国家的选手中，以734分的最高成绩获得了砌筑项目金牌，成为这一领域当之无愧的世界级工匠。他也被评为“影响世界华人大奖希望之星”“南粤工匠”全国技术能手。2020年，22岁的梁智斌被授予“全国先进工作者”称号，成为获得这项荣誉最年轻的人。

梁智斌出生在“建筑之乡”吴川市，从小对建筑工匠之事耳濡目染。初中毕业后，他选择到广州市建筑工程职业学校学习。他很珍惜这个学习机会，因为他有一个梦想：亲手给自己的父母盖一座房子，为家庭分担压力。

在梦想的激励下，梁智斌的学习非常用心。为了提高技能，他顶着闷热和噪音，每天在训练场一遍遍地进行砌墙练习。为了冲击全国比赛，他铲了超过20万次砂浆，砌了350堵墙，双手磨出了老茧。建筑天赋，加上他从小练就的灵巧双手和学校的专业技能培养，使得他砌出来的墙成为精品、艺术品。

立大志方有恒力，练实功才能致远。获得世界技能大赛冠军后，梁智斌继续钻研创新。他研究了古代的砌墙技艺，提高了古建筑修复技能，为家乡和慈善机构砌了艺术墙。在职业选择上，他谢绝了企业的高薪聘请，最终选择了留在母校做一名教师。他希望用自己所学为国家培养出更多热爱建筑的技术型人才。

思考题："青年工匠"梁智斌的成长之路给你怎样的启发？

作为高中阶段教育的重要一部分，中职学校有着不同的类型和丰富的专业设置，有多样化的技能人才培养途径。让我们一起走进中职学校，了解中职学校吧。

一、中职学校的类型

中等职业学校旨在培养大量技能型人才与高素质劳动者。中职学校在对学生进行高中程度文化知识教育的同时，根据社会分工需要而设置相应的专业，再根据职业岗位的要求有针对性地实施专业知识、技术技能教育。国家对职业教育和技能人才培养高度重视，实施中等职业教育免学费和助学金政策，为莘莘学子铺就技能成才之路！

中职学校类型介绍

<table>
<tr><th>中职学校类型</th><th>招生对象</th><th>学制</th><th>毕业证</th></tr>
<tr><td>职业中等专业学校</td><td>初中和高中毕业生</td><td>3 年</td><td rowspan="3">省教育厅颁发</td></tr>
<tr><td>职业高级中学</td><td>初中毕业生</td><td>3 年</td></tr>
<tr><td>成人中等职业学校</td><td>在职的成年人</td><td>2~3 年</td></tr>
<tr><td>技工学校</td><td>初中和高中毕业生</td><td>3 年</td><td>省人力资源和社会保障厅颁发</td></tr>
</table>

经过长期的建设发展，已经有不少中职学校获评为"国家级重点中等职业学校""国家中等职业教育改革发展示范学校"，不断打造职业教育品牌，扩大职业教育的社会影响力。

二、职业院校的专业大类

时代变迁，职业也在不断变化更替。中职学校紧随时代发展的需要，培养具有综合职业能力，在生产、服务一线工作的高素质劳动者和技能型人才。职业院校开设的专业有 19 个专业大类，97 个专业类，1 349 个专业。其中，中职专业 358 个，高职专科专业 744 个，高职本科专业 247 个。

中华人民共和国职业院校设置的 19 个专业大类

农林牧渔	资源环境与安全	能源动力与材料	土木建筑	水利
装备制造	生物与化工	轻工纺织	食品药品与粮食	交通运输
电子信息	医药卫生	新闻传播	财经商贸	旅游服务
文化艺术	教育与体育	公安与司法	公共管理与服务	

三、中职学校的课程

升入中职后，同学们会发现中职和初中的课程设置有很大的不同。中职课程分为公共基础课程和专业技能课程两类。公共基础课程是同学们熟悉的文化课、德育课、体育课、公共艺术课等，专业技能课程包括了职业基础课程和专业方向课程。其中专业方向课程以学生上岗后的工作任务或者工作过程为构建依据，综合培养专业技能、专业知识素养和社会能力。

中职学校课程类型

公共基础课	专业技能课 • 职业基础课 • 专业方向课	专业职业 实操与实习

学生学完职业基础课程后，已经具备了在行业内从事专业群所包含的岗位的基本职业能力。学生还可以按照自己的兴趣或者是特长以及就业需求任意选择一个模块进行专业方向课程学习，这样就能够很好地适应不同职业岗位对人才的需要。

四、多样化的培养模式

中职学校的教育培训模式是多样化的，专业课程更是如此，下面看几种广泛采用的培养模式。

（一）企业订单式培养模式

这是中职学校从企业需求出发，以学生就业为导向的“订单式”人才培养模式，为企业“量身定做”高素质技术技能型人才。学校教师到企业顶岗进修，了解新技术、新工艺，同时，学校聘请企业的能工巧匠、业务骨干做兼职教师，进校手把手地教学生技术，增强学生的实践操作能力。企业的技术内容会被融入学校教学内容中去，学生也会定期到企业实习，通过“做中学、学中做”掌握技术。

（二）企校合作培养模式

这是中职学校开展工学结合最方便的一种校企合作教育模式。学生一边在工厂工作实习，一边在中职学校上课学习。因为学生有从事生产劳动，创造了价值，所以企业会给学生支付实习工资，这一点对家庭经济困难的学生很有吸引力，能减轻其经济负担。

企业的教学实训有针对性，理论和实践联系，学生能更好地学以致用。学生们能在工作中学会解决实际问题，能快速成长为有经验的熟练技术人员，满足企业对技术型人才的需要，也有利于学生更好地从学校过渡到工作岗位。

（三）现代学徒制

现代学徒制与传统学徒制不同的地方在于，传统的学徒制更多的是学生跟着师傅在作坊里学习，学习时间可能会更长，且没有学历证书；而现代学徒制规定学徒是在学校和企业之间学习，学习的知识比较全面，学习时间一般在 2~3 年，能获得国家认可的学历证书。

现代学徒制注重技能的传承，师傅的聘用很关键。带徒传技传艺，都需要师傅具有长期的行业经验、高尚的品德、热心教学的耐心等。学生也具双重身份，既是企业员工，又是学校学生。

接受学徒制培养的学生，一般要先和企业签订用工合同，要遵守企业的工作要求；学生父母作为监护人，要支持子女的学徒制学习，尊重师傅，鼓励子女利用企业和学校的培养机会，积极学艺成才。

（四）校办医院和幼儿园提供的实习

幼儿保育实训室

在职业院校，医学方面的专业如中医中药、护理等专业，都有自己的实习医院或者校办医院，这些机构主要是为学生学习专业技能提供实习教学的场所。很多办有学前教育专业的高职院校，也开设有附属的教学幼儿园。体育、戏剧和舞蹈等职业院校也都有自己的艺术展演平台，定期为学生展示才艺、发展才能提供实践和锻炼的舞台和机会。

生涯知识

工匠精神

工匠精神是指工匠对自己的产品精雕细琢、精益求精的精神理念。工匠精神包括两部分：追求极致的精神和独具匠心的创造力。创造力和坚持不懈是工匠精神的精髓。我国历史上有庖丁、鲁班等优秀工匠。古语如“如切如磋”“如琢如磨”等都是工匠精神的体现。在现代社会，产品质量的提升离不开工匠精神。

第二节 中职生的成长路径

生涯名言

青年是苦练本领、增长才干的黄金时期。

——习近平

生涯故事

适合的才是最好的——一个中职生的成长心得

我从甘肃定西农村一所初级中学毕业之后，由于中考成绩不理想，便选择了玉门石油机械中等专业学校。

在中专学校，我不用面对升学压力，不用面对让人头痛的数字和文字，而是每天接触自己感兴趣的电焊，学习自己喜欢的焊接技能。或许是因为对焊接专业非常热衷，我学习非常勤奋，且乐在其中，完全没有了初中学习时的枯燥感。在学校，除了每天提高自己的技能外，我还经常参加各类技能比赛，并获得了不少荣誉。

两年后，我以优异的成绩毕业，顺利被中国北车塔筒场玉门分公司招聘为焊接技师，开始了自己的焊接生涯。在这家公司，经过几个月的努力，我得到了领导的认可，担任了焊接小组组长一职。在工作岗位上，我尽心尽力，精益求精，不断总结经验教训，技术水平不断得到提高。后来，通过师傅引荐，我在北车塔筒场总部成功就业，先后到内蒙古、甘肃瓜州等地从事焊接工作。在新环境，我依旧能很快适应工作，继续延续以往的努力和钻研，最终换来的是专业技能的迅

速提升，迎来了我焊接事业的顶峰。

2013 年，在外打拼 4 年的我不想一直在异乡拼搏，于是辞掉了不错的工作，回到家乡开始了自己的创业之路。在家乡，我用在外打工的积蓄和家里支持的部分资金，开了一个铝合金门窗综合经营部，生意非常红火，收入也很可观。现在回想起来，我觉得自己当时的选择没错。兴趣是最好的老师。不管是上普通高中还是职业院校，都要看自己的学习基础和兴趣，适合的才是最好的，我就是一个很好的例子。

思考题：同学们，你和家人讨论过最适合自己的生涯道路吗?

一、职业生涯发展路径

（一）职业群

每个专业当中那些基本操作技能相通，工作内容、社会作用以及从业者所应具备的素养接近的若干个职业，便构成一组职业群。

汽车运用与维修专业的学生，中职毕业后可以在汽车销售、汽车制造、汽车维修、汽车检测、汽车驾驶、交通运营等职业群中选择就业。

在相近的职业群间横向发展转换，需要从业者不断地在职学习，持续更新知识，提高技能，参加相关专项培训，丰富实践经验，还需要通过考核，而这也为就业提供了比较宽的范围，为职业生涯发展带来机会。

岗位任务	⇨ 行业岗位群	⇨ 对应专业设置	⇨ 专业群
交接车服务 汽车保养 机电维修 机动车检测 汽车钣金 汽车喷漆 汽车改装 美容装潢 车辆质检 配件管理 新能源汽车维修 汽车保险理赔 二手车鉴定与评估 汽车销售 汽车服务企业管理 汽车装配	维修服务接待 机电维修 机动车检测 汽车钣金 汽车喷漆 汽车改装 美容装潢 配件管理	汽车检测与维修技术 汽车车身维修技术 汽车改装技术 汽车运用与维修技术 汽车营销与服务 新能源汽车运用与维修技术	汽车维修与服务专业群

专业群示意图

例如，有学生想从汽车维修方向转为汽车制造方向，需要参加汽车制造专业的相关培训；如果想进一步从事与发动机动力相关的工作，则要有更深入的专业学习。中职生厘清适于自己横向发展的职业群，不但能深入了解自己所学的专业，而且能开阔思路，在这一职业群中找到适合自己的职业。

汽车营销与服务实训中心

（二）职业生涯发展路径

适合中职生纵向发展的职业群，是中职生有一段工作经历后可能晋升的岗位或转换社会角色的职业。大致有以下三个大方向。

1. 技术岗位发展路径

在工作单位中沿着本工种、本专业的技术等级和专业职称，由低向高发展。汽车专业的毕业生可以从维修小工做起，沿着技术路径，逐渐晋升为汽修中级工、高级工、技师、高级技师。这是职业技术等级的提升。

2. 管理岗位发展路径

参与到企业、事业单位的管理工作，由低向高发展，这是职务等级的晋升。当技术工人被提升为部门主管或经理，则职业生涯发展路径就由“技术路径”转为“管理路径”。

3. 销售岗位发展路径

毕业后到汽车销售门店工作，从销售助理做起，逐步到独立的销售员，积累了一定经验且有机会的话，可以晋升为销售经理；如果有新门店开业或者其他机会，可以升为门店总经理。销售岗对社交能力有比较高的要求，要善于和顾客打交道，才能促进销售。

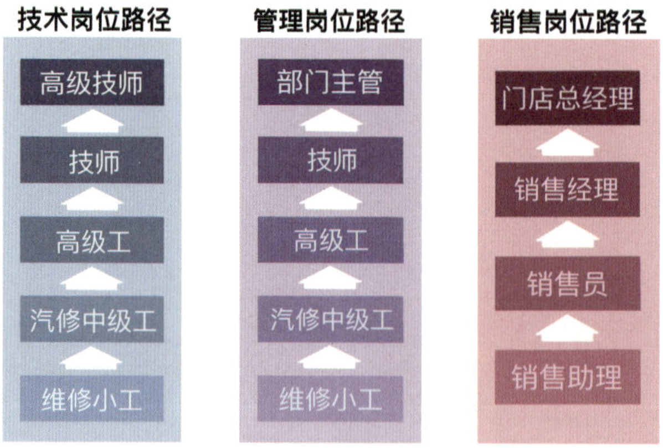

职业生涯发展路径

在上述三个方向的发展中，不仅有技术等级的提升和经济收入的提高，还伴有社会角色的变化。技术等级越高，职位越高，收入就越高，肩负的社会责任也越大。还有一种是自主创业。如果在积累了一定经验和资本后，创办自己的企业，职业生涯发展就走上了“创业路径”，个人身份也就由员工变成了老板。

每种职业都有各自横向和纵向发展的路线，同学们可以从自己的兴趣、爱好、特长、理想出发，分析适合自己的职业发展道路。把个人的职业发展与本地经济社会发展、行业发展联系起来，主动融入社会发展之中，同学们常常能在个人职业生涯发展上获得更好的发展。

二、丰富多彩的社团生活

学生社团是基于相同的兴趣爱好或者专长，由学生自愿参加的群众性活动单位，学生通过自我管理、自我服务、自我发展的形式支持和维护社团的生存和发展。中职学生通过自发组建的学生社团参与社会实践活动，有助于发现学习的真正意义，磨炼意志品格，提升综合素质，促进全面发展。

中职学生社团一般有以下几种类型。

1. 公益性社团

青年志愿者社团、手语社团、义工社团、支教社团、绿色环保社团等，主要是进行环保宣传、支教、为留守儿童和独居老人服务等。

2. 休闲娱乐型社团

这类社团更多是为了培养兴趣，例如合唱队、吉他社、街舞社团、美食社团、动漫爱好者社团、摄影协会、舞狮队、武术队、乒乓球俱乐部、羽毛球队、篮球部落、滑板俱乐部等。

3. 专业学习型社团

这类社团包括英语角、青年诗歌会、数学建模社、航模社团、模特队，以及其他各种专业社团、考证互助社团等。

社团活动一般以学生自我管理为主，同时会有学校教师指引。社团不仅是同学们展示才华、发展自我的平台，对于培养和锻炼同学们的社交能力、合作意识等方面也有积极作用。

生涯知识

中职学校的专业社团：电商创客社团

电子商务双培训基地

电商创客社团是一种专业型学生社团，其打造的“微信商城及线下体验店”通过“电商平台＋供应链”的形式，全方位服务于对口地区农产品的供、产、销、售后服务等一系列事务；借助“互联网＋农村电商”，实现产品流、信息流、资金流三流融汇，服务三农，铺设出一条电商助阵精准扶贫之路。这是中职学校将精准扶贫和专业内涵建设有效结合的有益尝试。

三、中职学校的特色教育项目

站在时代的风口，“技能成才、技能报国”的集结号已吹响。进入新时代，国家比以往任何时候都更重视技能人才的培养。

（一）每年5月的“职业教育活动周”

国务院在2015年将每年5月的第二周设为“职业教育活动周”。

迄今为止，“职业教育活动周”已经连续举办了多年，在全社会营造国家尊重技能、社会崇尚技能、人人学习技能、人人享有技能的技能型社会氛围，“技能成就出彩人生”“技能服务美好生活”“技能支撑强国战略”等观念已经逐渐深入人心。“职业教育活动周”也成了社会各界了解职业教育、体验职业教育、理解职业教育、支持和参与职业教育的重要平台。

职业教育活动周

（二）全国中职学校“文明风采”活动

这是教育部在中等职业学校开展的以培育和践行社会主义核心价值观为目的、展示中职学生良好精神风貌的一项活动。“文明风采”活动设置了摄影、书法、声乐等主题才艺展示项目，学生可以结合专业特点、职业生涯规划、中国梦、社会需要等，大胆展示自己的职业梦想。“文明风采”活动采用竞赛的形式促进全体学生参与。技能让生活更美好。

四、世界技能大赛：职业教育领域的奥赛

（一）世界技能大赛

世界技能大赛作为全球技能领域最高层级的职业技能赛事，每两年举办一次，被誉为“世界技能奥林匹克”。大赛在47个技能门类中设定了国际标准，内容涵盖建筑与工艺技术、艺术创作与时装、信息与通信技术、制造与工程技术、社会与私人服务、运输与物流等六大类，每类又包括不同的项目。

以“结构与建筑技术”竞赛项目大类为例，它又包括了砌筑、建筑信息建模、家具制作、木工、混凝土建筑、电器装置、精细木工、园艺、油漆与装饰、抹灰与隔墙系统、管道与制暖、制冷与空调、瓷砖贴面等13个具体竞赛项目，每一个项目都与我们的生活密切相关，从事这些职业也能收获很高的社会价值，对于提高人们的建筑居住水平有积极意义。

同学们，其实我国在世界技能大赛上第一次拿到金牌是在美容美发专业领域。没有想到吧，优秀的理发师也可以为国争光呢。

（二）中华人民共和国职业技能大赛

职业技能大赛部分比赛项目列表

中华人民共和国职业技能大赛是人力资源和社会保障部主办的职业技能赛事。从2020年起，我国每两年举办一届职业技能大赛。大赛分世界技能大赛选拔项目63个和国赛精选项目23个，共86个竞赛项目。大赛充分发挥职业技能竞赛在促进技能人才培养、推动职业技能培训和弘扬工匠精神上的重要作用，营造劳动光荣、技能宝贵、创造伟大的社会风气，更好地服务就业创业和经济高质量发展。

从技校生到技能大赛教练

罗丽萍是一位身材娇小的广东姑娘，中学毕业后，她懵懂地选择了就业。当从朋友那里听说农村户口的孩子可以免费就读技工学校后，罗丽萍意识到：机会来了！她再次踏入校门，这一年她18岁。三年后，21岁的她在第45届世界技能大赛上代表中国队出战，获得“商品展示技术项目”的银牌，打破了欧洲国家长期以来在这个项目上的垄断。

经过参赛的训练与全方位的学习提升，训练有素的罗丽萍成为我国职业技能大赛专项选手的指导教练。从进入技校读书学习，到荣获世界技能大赛亚军，再到成为国家技能教练，罗丽萍用了五年时间。依靠自己过硬的技能和专业素养，她成了青年人的榜样。她自己也因为技能，因为努力，看到了人生无限的可能。

（三）全国职业院校技能大赛

全国职业院校技能大赛是教育部和各行业、地方共同举办的一项全国性职业院校师生综合技能竞赛活动，每年举办一届，是专业覆盖面最广、参赛选手最多、社会影响最大、联合主办部门最全的国家级职业院校技能赛事。

它能集中展现职业院校师生的风采，促进职业院校与行业企业的产教结合，更好地为中国经济建设和社会发展服务。很多学生因为拥有一技之长，在技能大赛中脱颖而出，成为社会上广受欢迎的专业技术人才。

“三百六十行，行行出状元。”只要充分发挥自己的长处，人人都有可能成为社会发展的有用之才。随着劳动精神、工匠精神、劳模精神不断深入人心，越来越多青少年树立了技能成才的远大理想，越来越多的初中生在升学抉择上有了更加多元的自主选择。

从广东省的中职学校在2020年和2021年两年的招生数量来看，走职业教育发展道路的学生有明显的增加：2021年共招收初中毕业生56万名，含省属中职学校计划招生2.7万名，市属中职学校计划招生33万名，技工学校计划招生20万名；2020年共招收初中毕业生47万名，含省属中职学校计划招生1.8万名，市属中职学校计划招生25万名，技工学校计划招生20万名。

技能大赛选手的故事

东东从小爱玩模型，但文科学得不好，中学时期在班级里的成绩排名总是在末尾徘徊。有一天，东东在新闻里看到技能大赛的选手专心操作各种工具的画面，深受启发。他觉得自己也能做到这些，于是就报读了中职学校的机电专业。

进入中职学校后，东东以前所未有的热情投入到专业学习当中。一开始父母还担心他能不能坚持，经常偷偷联系竞赛辅导教师了解他的学习情况。当看到东东很认真地进行照明控制线路的安装、动力控制线路设计与安装调试、电气设备维修实践等活动，父母知道孩子终于找到自己人生的方向，也十分开心。

经过认真备赛，东东如愿地站在全国职业院校技能大赛“电气安装与维修”赛项的最高领奖台上，他用自己的奋斗为更多的青少年做出了靠技能成才的榜样。

第三节　初中生直升大学——中高职贯通

生涯名言

世界上最快乐的事，莫过于为理想而奋斗。

——苏格拉底（哲学家）

生涯故事

从汽修专业中职生到总装车间主任：俊杰的成长历程

俊杰从小就喜欢汽车，家里有各种汽车玩具和模型。他梦想着有朝一日能开上自己设计制造的汽车。

初中毕业时，俊杰的成绩中等，他选择进入中职学校的汽车运用与维修专业学习。汽修专业的课程都是他喜欢的内容，还能满足他动手拆装汽车部件的愿望，他的学习如鱼得水般欢畅，技能提高很快。

毕业后，俊杰进入合资轿车企业喷涂车间工作。他在干好自己工作的过程中，不断向优秀员工请教学习，下班后结合生产中的问题查阅各种书籍资料，业务能力越来越强，在企业内部的专业技能比拼中拔得头筹。他先后被提拔为管理员、工艺员、工段长、车间主任。俊杰没有忘记学习提升，通过业余学习考取了大专文凭。

在一次同行交流中，一家国产汽车公司领导对俊杰的业务能力很欣赏，希望他也能为国产轿车的腾飞出一份力。儿时的梦想

激励着他，他接受了邀请，27 岁成为某国产品牌商用车总装车间主管，32 岁挑起了该国产品牌乘用车某分厂生产厂长的重任。看着自己和同事们生产出来的自主品牌轿车驶进千家万户，俊杰无悔当初因为汽车梦想选择了汽修专业，并为自己能助力民族企业腾飞而自豪。

思考题：中职学校毕业生的成长故事给了你什么样的启发？

一、高职院校五年一贯制

初中毕业生除了继续读三年制的普通高中和中职学校外，也可以直接上大学，也就是下图中的第三条路径。

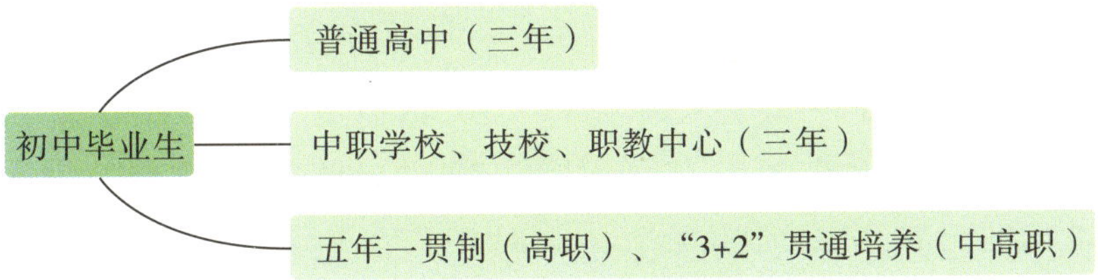

初中毕业生升学途径

为主动适应经济转型和高质量发展，培养更多高素质技能型人才，国家鼓励部分高职院校和普通高校师范分院开展“五年一贯制”招生培养，招收具有本省户籍的初中毕业生和符合各地“中考”报名条件的外省户籍（简称“随迁子女”）的初中毕业生。

以广东省为例，五年一贯制招生分为两种类型：第一种为“全省统考”（主要依据全省五年一贯制单独招生文化课统考成绩录取）；第二种为“公费定向”，包括为粤东西北地区 8 个地级市的 19 个县（市、区）公费定向培养初中起点五年一贯制专科层次学前教育专业教师共 200 名，面向乡村小学定向培养初中起点五年一贯制专科层次小学教育全科教师共 200 名。

第一种由省招生办根据考生文化课考试成绩情况划定录取最低控制分数线，依据考生填报的院校志愿顺序和各院校招生计划，按照成绩择优录取；第二种招生类型在相关地市学校的高中阶段招生期间进行。

二、中高职“三二衔接”模式

随着高校招生体制的不断改革，初中毕业直接上大学成为可能。高职院校的五年一贯制大专是专门针对初中毕业生招生的升学路径，招收专业如学前教育、高级护理专业、艺术教育、体育训练等。这些专业一般需要比较长时间的训练过程，而且对数理化和外语的要求不是很高，社会需求旺盛，就业率高，就业一般在大中型城市，工作比较稳定。

（一）五年一贯制大专

一般前年 3 为中职教育，因为国家对中职教育实行免费政策，所以前 3 年为免费教育；后 2 年属于大专教育，收取学费。也有些学校是前 2 年中职，后 3 年大专教育，收费也有所不同。这对一些家庭困难的学生，或者是学习上有偏科但也想上大学的学生是一种很好的选择。或许你在读大专的时候，会遇到你那些从前上了高中的同学，他们这个时候刚好也考入了你所在的大学。

感兴趣的同学可以在每年 4—5 月份，留意广东省教育考试院网站或者公众号。这属于大学招生的一种类型，在政府的教育网站上都有公布。以 2019 年为例，广东省有 68 所高职院校与 213 所中职学校（含技工学校）在 904 个专业点开展三二分段试点。

（二）中高职“三二衔接”学制

如果省内中职学校和高职院校的有关专业有“三二衔接”培养计划，同学们读完 3 年中职，想继续攻读大专文凭，上升发展通道也是十分顺畅的，只要拿到一个相关证书，再加上参加由语文、数学、外语三门课组成的职业高考，基本上就可以升读大专，成为大学生。感兴趣的同学可以关注广东省教育考试院的信息。

1. 联合招生，共同培养

试点高职院校和对应中职学校，联合行业企业，共同制定“五年一体化”人才培养方案。中职学段招生全面实行“以初中学业水平考试成绩为依据、结合综合素质评价择优录取”的招生办法，由高职院校和中职学校以初中学业水平考试成绩为依据，结合初中学生综合素质评价，严格按照广东省教育厅批准的招生计划，面向应届初中毕业生择优录取。

2. 中高职转段升学考核

录取的初中毕业生以“三二分段试点班”的名义单独编班，先在中职学校就读 3 年，通过转段考核且符合相关条件和要求的，进入对口高职院校对应专业学习 2 年。其中，符合广东省教育厅相关规定的试点院校试点专业，高职学段 2 年的教学工作可放在试点中职学校进行。

以 2021 年为例，广东省高职院校五年制单独招生院校有广东茂名幼儿师范专科学校、广东食品药品职业学院、广东体育职业技术学院、广东舞蹈戏剧职业学院、珠海艺术职业学院、湛江幼儿师范专科学校、广东交通职业技术学院、广东省外语艺术职业学院、韩山师范学院等 15 所，每年计划招收初中毕业生在 5 000 人以上。五年制大专的学生，也可以通过专升本考试，进入到本科专业学习 2 年，获得大学本科毕业证书和学士学位。

关于中职生的升学就业情况，一项关于 2020 年全国中职毕业生的抽样调查显示，在近两万份样本中，约有 35% 的中职毕业生就业，另外的 65% 升入高等院校继续学业的中职生里，10% 升入本科院校。在升学渠道上，对口单招比例为 49.5%，“3+2”、五年一贯制、中本贯通等各种直升比例为 41.6%。还有大约 8.9% 的学生选择了普通高考的升学路径。总之，职业教育升学路径也在多样化贯通，只要同学们有一颗上进求学的心，对自己从事的专业有执着的追求，前路总是充满阳光的。

生涯书籍

书名：《小狗钱钱》

作者： 博多·舍费尔　**译者：** 文炎

内容简介： 这并不只是一本简单的儿童理财启蒙书籍，其中有许多深刻动人之处，以简单明了的话语说出了很多本质的真理。其实赚钱的能力，在本质上，是对于自身能力的自信、大胆的想法和计划，以及实施与坚持的勇气。

全书以“钱钱”这只可爱的拉布拉多狗狗贯穿全文。书里的主人公是小女孩吉娅，她的父母深陷财务困境中，吉娅自己也过得闷闷不乐，常有许多消极情绪，认为自己一辈子都会很贫穷，既不自信，也没有勇气改变现实。

直到“钱钱”来到了他们家，这只会说话的狗狗告诉了吉娅许多赚钱的道理和方法，并鼓励她与他人建立深厚的友好关系，勇于向财务上做得很好的前辈学习和交流。

生涯电影

片名：《了不起的匠人》（第三季）

导演： 黎振亚

内容简介： 该纪录片将镜头对准12对亚洲顶尖手工师徒艺人的至臻作品与独特的手工传承关系，记录了师徒之间的感人故事，以及师傅教授的为人处世哲学，很好地展示了一辈子只做一件事的“匠人精神”。

影片展示了匠人对艺术的执着和追求，看到了师徒间关于传统与创新的冲突，职业对人精神世界的影响，以及工作中的耳濡目染对职业选择的影响等。影片中师徒间朴素而真挚的传承精神、匠人技艺带来的艺术和文化会引发我们对人生和职业的新思考。

第七章
学科课程与未来生活

我们不仅要有政治上文化上的巨人，我们同样需要有自然科学和其他方面上的巨人。

——郭沫若（历史学家）

义务教育是国家依法统一实施的所有适龄儿童、少年必须接受的教育，目的在于保障每位适龄儿童和青少年接受教育的权利，提高国民素质。我国实行九年义务教育。“义务”包括两个方面：一是指父母和监护人有送适龄孩童上学的义务；二是适龄儿童少年有受教育的义务。义务教育希望能使少年儿童成为有理想、有本领、有担当的社会主义建设者和接班人。

义务教育课程包括国家课程、地方课程和校本课程三类。国家课程是共同基础，所有学生必须修习；地方课程和校本课程是拓展补充，兼顾差异。课程（course）是“跑道”的意思，每一门课程对学生来说，都是助力学生成长的跑道。

初中课程类型与科目表

课程类型	学科分类	初中课程
国家课程	一、基础学科	1. 语文
		2. 数学
		3. 外语（英语、日语、俄语任选一门）
		4. 信息技术（七、八年级开设）
	二、社会学科	5. 道德与法治
		6. 历史
		7. 地理
	三、自然学科	8. 物理
		9. 化学
		10. 生物
	四、艺体学科	11. 美术
		12. 音乐
		13. 体育与健康
	五、跨学科学习（含社团课程）	14. 劳动教育
		15. 综合实践活动
		16.STEM 项目学习
地方课程	由省级教育行政部门规划设置	
校本课程	由学校按规定设置	

第一节　基础学科与未来生活

没有今天的基础科学，就没有明日的科技应用。

——李政道（物理学家）

社会向文学提供素材，文学向社会提供规范。

——郭沫若（历史学家）

基础学科既有人文性，又具有工具性。基础学科的学习有助于提升同学们的人文素养与工具技能，对我们个人成长和融入社会，实现发展、创新有着基础性作用。对初中学科的系统梳理，也有助于同学们从未来生活的角度思考今日学校课程。

一、语文学科与未来生活

文学是人的生活的教科书。

——车尔尼雪夫斯基（作家）

语言是每个人赖以生存发展的基础性工具，也是能够进行不断学习、发展自我的前提。语文，是我们学习母语的学科，是锻炼我们的表达、记忆和思考的重要途径，也是我们寄托理念与情思的工具。

（一）语文学科简介

想要和别人交流信息，想要表达个人情感，最佳的方式就是说话、书写。语言、文字，是人类最主要的交流工具，也是人类最重要的文化载体。想要顺利地完成听、说、读、写，与他人流畅地交流，表达自己的情感，学习语文学科是极好的途径。人们常说，“腹有诗书气自华”，一个人的修养、气质、精气神的形成，也离不开语文学习。

对于国家来说，语文代表着国家形象，关乎国家尊严。随着中国与世界各国的交流日益频繁，汉语汉字作为中国的文化符号，传播日益广泛，弘扬着中华民族优秀文化。语文课程对增强民族凝聚力和创造力，具有不可替代的优势。作为炎黄子孙的我们，通过语文课程的学习，会提升我们个人的理解能力、包容能力和表达能力，我们每个人都应该学好语文，树立文化自信，弘扬民族精神。

（二）学科与行业职业

学习语文学科——

可从事的行业：教育、传媒、文字、文学、编辑、文秘、剧本创作等；

可从事的职业：语文教师、汉学家，新闻发言人、主持人、记者，编辑、编剧，作家、文学家、诗人、小说家、儿童文学家，等等。

（三）学科生涯人物

诗词的女儿——叶嘉莹

“继静安绝学，贯中西文脉。你是诗词的女儿，你是风雅的先生。”这是2020年度《感动中国》组委会，给予叶嘉莹先生（尊称）的颁奖词。

叶嘉莹生于1924年，自幼深受父母影响而爱上了古诗词。叶嘉莹人生坎坷，少年丧母，当时恰逢抗日战争时期，她将无处释怀的情感，创作成一首首感怀的诗词。

作家叶嘉莹

战乱中，叶嘉莹随家人辗转台湾。大学国文系毕业后，她成为一名语文教师，教授诗词文章。叶嘉莹后来赴美国传播国学，在一次文艺讲座中受到启发，遂由创作逐渐转至评赏，并开始相关研究和环球讲座，传播中国古典诗词。

1979年，叶嘉莹回到阔别已久的祖国，写下千字长诗《祖国行》——“卅年离家几万里，思乡情在无时已，一朝天外赋归来，眼流涕泪心狂喜……”，之后的岁月里，这位诗词的女儿，开始穿行在中国、美国、加拿大等国家的古典诗词讲坛上，播撒着中国诗词的种子。她说：“我平生志意，就是要把美好的诗词传给下一代人。”

二、数学学科与未来生活

宇宙之大，粒子之微，火箭之速，化工之巧，地球之变，生物之谜，日用之繁，无处不用数学。

——华罗庚（数学家）

数学，被称为思维的体操，是能够使人理性思考的一门学科。生活中小到话费充值、超市采购，大到高铁建设预算、宇宙飞船轨道设计，都需要数学来进行模拟、推演、描述。

（一）数学学科简介

数学是什么？学数学有什么用？

数学很常见，购物时对商品打折后价格的计算，就是数学；数学很神奇，卫星能够精确地飞到指定位置，需要数学来精准计算；数学也很美，美丽的画作在构图上遵循着一定的数学规律；数学也很好玩，“鸡兔同笼”的故事伴随了我们一代又一代的成长。

从人类进入文明社会，数学就一直伴随着我们，渗透到我们生活的方方面面。如何用更低的价格买到称心的商品，如何建成水电大坝，如何保证地铁按时到站……这些需要精确的数学推算。

进入 21 世纪数字化时代，数学成了机器的语言，在我们每点击一次电脑、手机时，电脑就完成了一次数学运算，大数据算出了我们下一步想要寻找的东西，然后呈现给我们。

数学是打开科学大门的钥匙。学会用数学的眼光观察现实世界，会用数学的思维思考现实世界，会用数学的语言表达现实世界，就能更好地适应、创造未来生活。

（二）学科与行业职业

学习数学学科——

可从事的领域：教育、研究、经济金融、计算机、管理、科技、航空航天、海底探索等；

可从事的职业：数学教师、数学家、密码专家、数据分析师、经济学家、会计、精算师、计算机语言开发者、人力资源管理师等。

（三）学科生涯人物

著名数学家——丘成桐

丘成桐，著名的数学家，出生于广东汕头，在香港长大。丘成桐 14 岁时，父亲去世，一家人的生活陷入困境。严峻的现实促使他更加成熟和坚强，他立志改变家庭命运。他一边打工，一边学习，以优异成绩考入香港中文大学数学系，因成绩突出，被推荐到美国加州大学，投到当时世界最著名的华裔数学家陈省身门下。

数学家丘成桐

数学需要勤奋，也需要天才。在美国留学工作期间，丘成桐成绩卓著。27 岁的他一举破解顶级数学难题卡拉比猜想，震动世界。同时，他开创了一个崭新的领域：几何分析。33 岁时他获得“数学界的诺贝尔奖”——菲尔兹奖。了解他的一位同事说；“丘成桐一个人就是一个数学系！”他研究范围之广之深，超越了很多同时代的数学家。

对于很多数学难题，丘成桐坚持几十年不放弃。如今，他仍进行大量繁杂的研究工作，引导着世界数学发展的潮流。坚韧、锲而不舍、永不放弃、谦虚好学，这就是丘成桐的精神。

丘成桐一直怀着一颗赤子之心，关注国内数学事业的发展。他发起的“丘成桐大学生数学竞赛”，面向我国在校大学生开展，全面测试大学生的数学知识、修养与能力，促进中国的大学数学教育改革。

三、外语学科与未来生活

学会了第二种语言，你就拥有了第二个灵魂。

——查理曼（古罗马皇帝）

外语，指以外国语言为工具，来了解学习外国先进技术、优秀文化的学科。在全球化时代，外语作为一种工具，能为你打开一扇了解世界的窗。

（一）外语学科简介

同学们，想要去世界各地看看吗？想领略世界各地的美食、体验各地的风土人情吗？想要进入更广博的知识海洋，阅读、学习更丰富的文化，了解更先进的技术吗？想要传播中国文化，让世界各地的人们体验到中国文化的精彩博大吗？如果你想，那么你一定要学习外语。

语言——人类的交际工具。正如英国作家杰弗里·威兰斯所言，你永远没有办法彻底地明白一门语言，直到你至少学会了第二种语言。每种不同的语言都能给予你一种不同的生活视角。一种语言可能限定了你的发展方向，第二种语言就在沿途为你打开了另一扇门。

义务教育阶段开设的外语课程以英语课程为主，同时还有日语、俄语等语种。学习外语课程能够帮助同学们学习国外文化，拓宽我们的视野，帮助我们传播中国文化，培养我们的格局素养，使我们形成开放包容的性格。

现今世界，各国的交流日益频繁。作为一个和平发展的大国，中国承担着重要的历史使命和国际责任与义务。学习和使用外语对吸取人类文明成果、借鉴外国先进科学技术、增进中国和世界的相互理解具有重要的作用。

（二）学科与行业职业

学习外语学科——

可从事的行业：教育培训、语言、对外交流、政府外事工作等；

可从事的职业：外语教师、外语研究学者、翻译、外贸公司职员、外交工作人员、国际研究员等。

（三）学科生涯人物

中国高级外交官——傅莹

傅莹从小就酷爱读书，16 岁时，她作为“知识青年”，来到内蒙古参与祖国边疆建设。在工作之余，她每天收听英语广播，凭着好奇和好学之心，一步步走上英语学习之路。

外交官傅莹

英语的学习，开启了傅莹对外部世界的兴趣和关注。后来通过考试，傅莹进入北京外国语学院学习。周末时间，她常常泡在图书馆博览群书，还组织学习小组一起研讨红色名著，提高自己的理论修养和政治信念。

外国语学院毕业后，傅莹被选派到外交学院进行专业研修，之后进入外交部工作，开始了她的外交官生涯。外语能力对她成为一名成功的外交官起到至关重要的影响。在外交场合，傅莹温婉刚毅，机智应对，外媒称她是“善于发挥智慧和魅力攻势的中国外交官”。

四、信息技术与未来生活

我们生活在一个信息获取最廉价而信息甄别最昂贵的时代。

——佚名

你使用的手机、教室里的电子白黑板，在游戏中饲养的可爱宠物……这些都是信息技术产品。在信息化的社会，想要享受到更多的便利，信息技术必不可少。

（一）信息技术学科简介

信息是人类与万事万物互动的载体。有的信息离你很近，比如我们说的话、写的字，电视新闻等；有的信息离你很远，比如沉睡千百年的文物等。

信息技术就是对信息进行获取、表达、传输、存储、加工、应用等的各种技术。如语音翻译技术、编程软件开发、线上课堂、自动测温、无人驾驶、工业机器人等，都是信息技术的应用。信息技术课程有助于同学们更好地适应信息化社会，也可以以此谋生就业，服务国家和社会。

（二）学科与行业职业

学习信息技术学科——

可从事的行业：软件开发、硬件开发、网络维护、人工智能、大数据分析、信息技术研究等；

可从事的职业：编程工程师、游戏开发师、电子产品开发师、通信维护员、网络安全员、人工智能科学家、计算机科学家、信息技术教师等。

随着全球信息化加深，与信息技术相关的职业迅速发展，每年都会新增与之相关的职业。

（三）学科生涯人物

科学家、企业家——王选院士

作为科学家和企业家，王选的一生可用四个词来概括，即献身科学、无私奉献、敢为人先、持续创新。

王选小时候就为这些品质打下了基础。1947 年，上小学五年级的王选获得了一个“重要荣誉”——“品德好、最受欢迎的学生”。多年后，王选获得

2001年度国家最高科学技术奖时，才意识到小学的这一荣誉对自己一生的重要性。他说："平生经历告诉我，一个人要想有所成就，首先要做个好人。青少年时代就应努力按好人标准培养自己，只有先成为好人，才能做有益于国家、有益于人民的好事。要想做好学问，先要做个好人。什么叫好人？季羡林先生说，'考虑别人比考虑自己稍多一点就是好人'。我觉得可以再降低一点：'考虑别人与考虑自己一样多就是好人。'认识自己的不足，懂得要依靠团队，千方百计地为优秀的年轻人创造条件，使他们脱颖而出，是我能够获得最高科技奖的原因之一。"

科学家、企业家王选

小学毕业，王选被保送升入南洋模范初中。当时学校生活条件简陋，没有电，点的是汽油灯和煤油灯，几十个学生住在一间大屋子里，每天清晨集体出操，王选觉得这恰恰是锻炼自己的好机会。后来，他经常对青年人说："在这种集体生活中，性格孤僻、自私和不合群的人是不容易受欢迎的，而这些缺点恰恰是今天高科技时代取得成就的重要障碍，需要在青少年时代加以纠正。美国著名心理学家荣格有一个公式：I（我）+ We（我们）= Fully（developed）I（完整的我），只有把个人融入集体，才能体现完整的自我价值。"

在20世纪50年代的中国，计算机在人们心中还是一个遥远而陌生的领域。计算数学在中国是新兴学科，乏人问津。关心时事的王选注意到，国家把计算技术列为"未来重点发展学科"。周恩来总理也在不同讲话中强调，计算技术是我国迫切需要的重点技术。王选认为，一个人只有把自己的工作和国家的前途命运联系在一起，才有可能创造出更大的价值。王选到图书馆查阅相关资料，看到著名科学家们都讲到计算机将在航天工业、现代国防科学技术等领域发挥越来越大的作用，计算数学是一个前景十分广阔的领域，因此更坚定了信心，他决定，就选计算数学专业。这是他一生中第一次重要的职业生涯抉择，体现出他与众不同的远见和洞察力，为日后的科研工作奠定了基石。

第二节　自然学科与未来生活

生涯名言

对搞科学的人来说，勤奋就是成功之母！

——茅以升（桥梁学家）

我要把人生变成科学的梦，然后再把梦变成现实。

——居里夫人（物理学家）

自然科学是研究自然界的物质形态、结构、性质和运动规律的科学，它包括物理学、化学、生命科学、天文学、地球科学等基础科学和医学、农学、气象学、材料学等应用科学。

生涯知识

生涯平衡轮

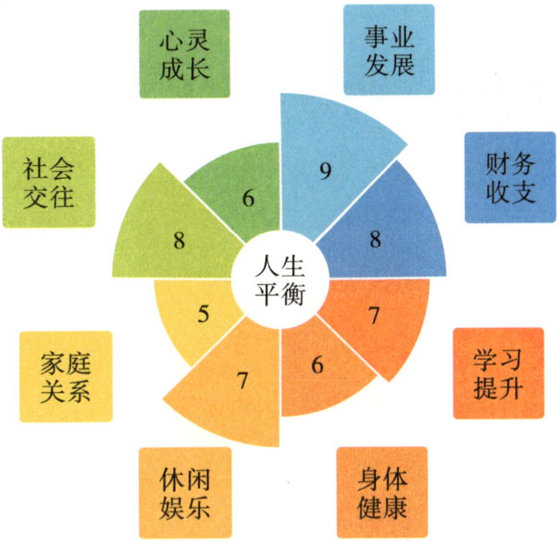

“生涯平衡轮”是著名的美国激励大师 Paul Mayer 创造出来的一款生涯工具，生涯平衡轮能够让我们用整体的眼光看待生活，用平衡的眼光看待生涯。车轮就是一个强大而古老的象征，它意味着运动、生命的循环、变化、平衡、维持等等。

生涯平衡轮让我们可以更加直观地俯瞰自己的生活，对诸如身心健康、个人成长、家庭关系、事业发展、社会交往、休闲娱乐、自我实现和财务状况等有一个全面的认识，能够直观地看到自己生活、工作和学习中，有哪些方面做得好，哪些方面做得还不够，进而帮助我们更加理性地安排自己的时间和精力，以便获得更加满意、均衡的生活。

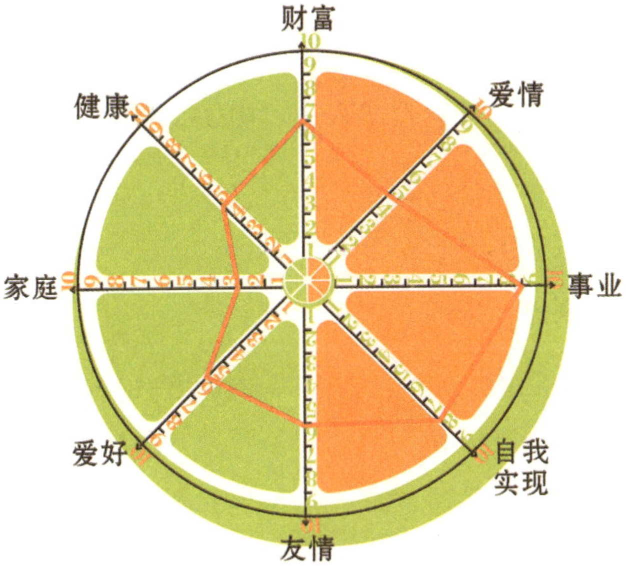

每个人的关注点会有所不同，每个人看重的生活领域各有不同，同学们可以根据自己的需求自行增减，关键点是高质量的生命状态需要各方面的平衡发展。同学们，动手绘制你个人独特的生涯平衡轮吧。

一、物理学科与未来生活

实验可以推翻理论，而理论永远无法推翻实验。

——丁肇中（物理学家）

（一）物理学科简介

什么是物理学？物理学的用处有哪些？

物理，顾名思义，就是理清楚万物规律的一门学科，它主要研究物质的结构、运动规律和相互作用，包含力学、热学、光学、电学、原子物理等领域。

我们的生活中处处蕴含有物理现象，譬如铁块投入水中会下沉，但用钢铁制成的轮船却能漂浮在水面上；又如挂在墙壁上的石英钟，当它因电池的电能耗尽而停止走动时，其秒针往往停在刻度盘上“9”的位置……物理学正是通过对生活中这些看似普通的现象，进行大量的观察、实验探究、推理计算，不断地丰富发展。从古希腊时代的自然哲学，到近代的相对论、量子论等，物理学始终引领着人类对世界奥秘的探索。

（二）学科与行业职业

学习物理学科——

可从事的行业：能源、材料、电子电气、教育、科学研究；

可从事的职业：原子能工程师、纳米材料技术人员、电工、修理工、质量监督员、物理教师、物理学家等。

（三）学科生涯人物

物理学家——杨振宁

杨振宁，著名物理学家。他自幼聪颖，4 岁时跟随母亲认字，一年时间便学了 3 000 多字。他的青少年时代恰逢抗日，他跟随留美归来的父亲辗转全国各地，完成了基础教育。他大学就读于西南联大，先遵父命报化学系，后说服父亲改为自己热爱的物理系，并继续攻读西南联大物理系研究生。

1944 年硕士毕业后，杨振宁获庚子赔款奖学金赴美留学，1948 年获芝加哥大学哲学博士学位。曾任普林斯顿高等研究院教授、纽约州立大学理论物理研究所所长。1957 年，与李政道因共同提出宇称不守恒理论而获得诺贝尔物理学奖。在获奖致辞中，他说道："我是中华文化和西方文化的产物，我既以我的中国传统为骄傲，同样地，我又专心致力于现代科学。"

科学家杨振宁

杨振宁在粒子物理学、统计力学和凝聚态物理等领域做出了里程碑式贡献，他在粒子物理和统计物理方面做了大量开拓性工作，提出杨—巴克斯特方程，开辟量子可积系统和多体问题研究的新方向等。1997 年，国际小行星中心命名了"杨振宁星"。

诺贝尔奖章

在国内青少年教育方面，杨振宁促成了"陈嘉庚青少年发明奖""吴健雄物理奖"和"陈省身数学奖"等多个奖项，鼓励青少年勤于思考，为国家培养创新型人才。他推动了香港中文大学数学科学研究所、清华大学高等研究中心、南开大学理论物理研究室和中山大学高等学术研究中心的成立。杨振宁教授被评为"感动中国 2021 年度人物"。

二、化学学科与未来生活

只有实验才是化学的“最高法庭”。

——傅鹰（物理化学家、化学教育家）

（一）化学学科简介

什么是化学？化学用在哪些方面？

化学就在我们身边，从洗发水、牙膏、盐、酱油等生活用品，到火箭发射的燃料、航母特定金属的冶炼，都离不开化学。可以说，我们日常生活几乎每时每刻都在和化学打交道。比如，色泽鲜艳的衣料需要经过化学处理和印染；粮食、蔬菜的丰收需要化肥；水泥、玻璃、塑料等重要的建筑材料都是化工产品；而黑乎乎的石油，经过化学工艺处理，可以变成塑料水杯、尼龙衣服、药用胶囊壳；等等。从 20 世纪到现在，化学工业获得了巨大发展，大大提高了人们的生活水平。

（二）学科与行业职业

学习化学学科——

可从事的行业：石油化工、金属冶炼、医药、食品、能源、材料、化妆品、教育等；

可从事的职业：化学教师、工程师、研发人员、化学家、技术员、销售人员、质量监督员等。

（三）学科生涯人物

门捷列夫——化学元素周期表的发明人

德米特里·伊万诺维奇·门捷列夫（1834—1907），俄罗斯化学家，化学元素周期表的创始人。门捷列夫上学期间就表现出了出众的才能和惊人的记忆力，他对数学、物理学和地理产生了极大的兴趣。在大学一年级，他迷上了化学。为了人类的利益，为了获得简单、价廉和“到处都有”的物质，他决心要成为一名化学家。

1855 年，门捷列夫以第一名的优异成绩毕业，做过中学教师和大学教师。他在大学主讲“化学基础”课期间，一直思考：自然界到底有多少种元素？元素之间有什么异同和联系？新的元素应该怎样去发现？对于这些问题，当时的化学界正处在探索阶段。门捷列夫毫无畏惧地冲进了这个领域。虽然教学工作非常繁忙，但他继续着科学研究。

化学家门捷列夫

门捷列夫认识到化学还没有牢固的基础，化学在当时只是记述零星的现象，化学最基本的元素学说还没有一个明确的概念。于是，他开始着手编写《化学原理》，用一种合乎逻辑的方式来组织当时已知的 63 种元素。他仔细研究了 63 种元素的物理性质和化学性质，准备了许多卡片，将 63 种化学元素的名称及其原子量、氧化物、物理性质、化学性质等分别写在卡片上。他用不同的方法去摆那些卡片，用以进行元素分类的试验。

1869 年的一天，他先把常见的元素族按照原子量递增的顺序拼在一起，之后是那些不常见的元素，最后只剩下稀土元素没有全部“入座”。他无奈地将它们放在边上。然而，从头至尾看一遍排出的“牌阵”，门捷列夫惊喜地发现，所有的已知元素都已按原子量递增的顺序排列起来，并且相似元素依一定的间隔出现。后来，他将所得出的结果制成一张表——这是人类历史上第一张化学元素周期表，并大胆地为尚待发现的元素留出了位置。

三、生物学科与未来生活

每一个生物科学问题的答案，都必须在细胞中寻找。

——威尔逊（生物学家）

（一）生物学科简介

有生命的地方，就有生物学。

校园里的树木花草，公园里的鸟鱼虫蝶，动物园里的狮虎熊豹，还有我们体内的益生菌，引发疫情的冠状病毒，以及我们人类，都是生命体，都属于生物学的研究对象。生物学就是在研究这些生命现象和生命活动的基础上，产生的一门科学。

人类的发展史也是一部生物学的发展史，从最早的驯化野生动植物、利用微生物酿酒，到将现代生物医药治疗技术用于疾病治疗、现代生物学帮助农业丰产丰收，无论是个人的吃饱穿暖，还是国家社会的稳定富足，都与生物学的发展息息相关。

随着人类探索范围的扩大，生物学研究已经深入到几千米深的深海大裂谷中，这里海底火山不断喷发出岩浆，把海水的温度加热到 300 ℃、400 ℃以上，然而不可思议的是，在这种高温、高压的海水中，仍有生物存在，它们不仅不怕烫，而且可能蕴含着地球生命诞生源头的秘密。

（二）学科与行业职业

学习生物学科——

可从事的行业：生物制药、种植养殖、食品加工、美容保健、科学研究、专利、教育等；

可从事的职业：生物教师、医生、研发人员、生物学家、营养师、药品销售人员、食品质量监督员等。

（三）学科生涯人物

人民科学家——顾方舟

病毒学家顾方舟

顾方舟，病毒学专家，中国医学科学院原院长，北京协和医学院原校长，北京协和医学院一级教授。他的功劳和成就，可谓功在当代，泽被子孙。顾方舟将自己的人生概括为“一辈子只做一件事”，那就是他研制的脊灰糖丸活疫苗。

顾方舟的脊髓灰质炎研究工作始于1955年，当时全国多地暴发“脊髓灰质炎”（国内俗称“小儿麻痹症”）疫情。首批疫苗生产出来投入临床试验，面对无人敢以身试药的困境，他决定自己先试用疫苗，冒着可能瘫痪的风险，喝下了一小瓶疫苗溶液。这还不算，因为还要证明疫苗对孩子有效，他咬着牙，毅然做出惊人决定：拿自己刚满月的儿子做试验。中国首批脊髓灰质炎疫苗的有效性和安全性，就是这么验证出来的。糖丸疫苗，一举解决了当时液体疫苗的冷藏保存问题和浪费问题，使疫苗迅速推广到中国贫穷落后的农村。1965年全国农村逐步推广疫苗，从此脊髓灰质炎发病率明显下降。

顾方舟对脊髓灰质炎的预防及控制的研究长达42年，是中国组织培养口服活疫苗的开拓者之一，他“用一颗小糖丸消灭小儿麻痹症”，被称为“中国脊髓灰质炎疫苗”之父。顾方舟把自己最有活力的年华都献给了这项事业，他领命在身时不过30多岁，到2000年他在《中国消灭脊髓灰质炎证实报告》上签下自己名字时竟已74岁。40年间，他一直在为此而奋斗。

第三节　社会学科与未来生活

对人的爱是你道德的核心！我们应该这样生活：让你的道德核心健康、纯洁、强大！做一个真正的人，也就是说，你应该为你周围的人贡献你的精神力量，让他们更好、更精神、更完美；让你生活中的每个人从你那里得到最好的东西。

——苏霍姆林斯基（教育家）

社会学科是指研究我们人类社会生活中各种现象的学科，如经济学、法学、历史学、民俗学等，它能够帮助我们更好地了解社会，学会如何更好地在社会中生存。初中开设了道德与法治、历史、地理三门社会学科。

生涯知识

思维导图

心理学家东尼·博赞

思维导图（the mind map）是一种将思维形象化的高效思维工具。它图文并重，用一个中央关键词把各级主题的关系用相互隶属与相关的层级图表现出来，将关键词与图像、颜色等建立记忆链接，充分运用左右脑的机能，利用记忆、阅读、思维的规律，协助人们在科学与艺术、逻辑与想象之间平衡发展，从而开启人类大脑的无限潜能。

思维导图的发明者是英国的心理学家、教育学家东尼·博赞，他拥有心理学、英语语言、数学和普通科学等多个学位，曾从事天才少年、学习障碍症患者和问题少年等特殊群体的教育工作。

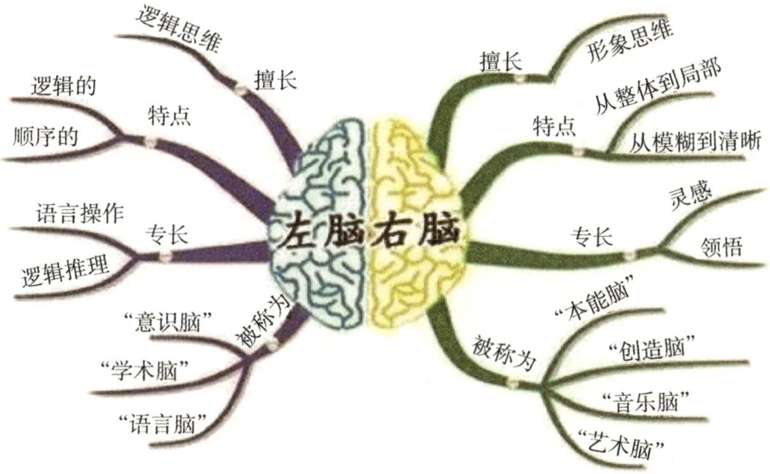

博赞认为，发散性思考是人类大脑的自然思考方式，每一种进入大脑的资料，不论是感觉、记忆或是想法——包括文字、数字、符码、香气、食物、线条、颜色、意象、节奏、音符等，都可以成为一个思考中心，并由此中心向外发散出成千上万的关节点，每一个关节点代表与中心主题的一个联结，而每一个联结又可以成为另一个中心主题，再向外发散出成千上万的关节点，呈现出放射性立体结构，而这些关节的联结就如同大脑中的神经元一样互相连接，最终成为人类的记忆。

一、道德与法治学科与未来生活

道德是生活的基础。根本不好，即使你有一些知识和技能，也没用。

——陶行知（教育家）

带来安定的是两种力量：法律和礼貌。

——歌德（作家）

（一）道德与法治学科简介

道德与法治的关系是什么呢？

道德与法治是相辅相成的，道德可以滋养法治的实施，法治可以促进道德的养成。法律是显露的道德，道德是隐藏的法律。

当今世界，人类社会交往日益频繁，面临的共同问题也在不断增多，想要更好地营建和谐的、友好的未来社会，需要更多的人具备良好的道德与法治素养。

初中的《道德与法治》内容包括从个人成长到学校集体生活，从公民的权利义务到国家制度，从拥抱家庭到走向世界。学习这些内容，能培养你的健全人格、优秀的道德品质、社会责任感和公民必备的素养，增强青少年做中国人的志气、骨气、底气。

其中关于职业道德部分，是希望青少年养成职业不分贵贱、爱岗敬业、办事公道、服务热情、奉献社会的职业精神。因为道德教育的核心就是让每个人都有崇高的人生目标。

（二）学科与行业职业

学习道德与法治学科——

可从事的行业：司法、公安、社会服务、法学研究、教育等；

可从事的职业：律师、法官、检察官、公证员、公务员、法律服务工作者、法学专家、教师等。

（三）学科生涯人物

中国“酒驾入刑”提案人——施杰律师

“我今天开车了，不能喝酒。”“少喝一点，待会儿可以叫代驾。”这段现今在饭桌上普通常见的对话，殊不知在我们国家却来之不易。2011 年“危险驾驶”入“罪”，“酒驾”“醉驾”行为开始由刑事强制性措施来规范，“喝酒不开车，开车不喝酒”也渐渐在人们的思想意识里根深蒂固。而这些转变，离不开一位律师不遗余力的努力，他就是中国酒驾入刑提案人——施杰。

施杰他是一位律师，却用了 10 年的时间专心做参政议政的“全国政协委员”，不遗余力地推进我国的法治建设。10 年来，施杰共提交 120 多个提案，内容有醉驾入刑、毒驾入刑、对公民个人信息进行立法保护等。这些提案都是经过实地调研和视察，充分论证后提出的，一经提出便在社会各界引起巨大反响，极大地推动了中国法律制度的完善。

律师施杰

二、历史学科与未来生活

历史多么无情而又有情，不遗忘每一个对历史的贡献，也不宽容每一个对历史的障碍。

——范文澜（历史学家）

（一）历史学科简介

历史是一面镜子，它照亮现实，也照亮未来。过去的是历史，现在的也是历史，未来的更是历史。

简单来说，历史就是发生过的事情，而对发生过的事情进行的记录、总结、反思，就形成了历史学科。

郑和曾经在南海上的航行，就是我们国家历史中的一个片段。郑和曾航行到现今的非洲，带回了被认为是麒麟的长颈鹿，这是我们国家历史中的片段，也是非洲当地历史中的一个片段。历史学科可以帮助我们更好地了解“郑和下西洋”，更好地了解、认识中国和中国以外的世界。对于我们个人而言，学习历史学科，能够帮助我们树立正确的世界观、人生观和价值观，这是我们健康成长的基础，也是我们提高综合素质，得以全面发展的必经之路。

（二）学科与行业职业

学习历史学科——

可从事的行业：考古文物、社会工作、教育、历史研究、地方志编撰等；

可从事的职业：考古工作者、文物鉴定专家、导游、博物馆工作者、相关岗位公务员、历史学家、历史教师、作家等。

（三）学科生涯人物

“网红”故宫诞生记——故宫博物院院长单霁翔

故宫的红墙金瓦、庄严大殿，故宫里发生的各种历史事件……有个人把故宫与网红、文创联系了起来，使得文物修复的师傅们成为社会民众关注的网红。这个人，就是故宫博物院第六任院长单霁翔。

单院长毕业于清华大学建筑学院城市规划与设计专业，在已近退休之年接过故宫帅印，秉着“让观众有尊严，让文物有尊严”的理念，一步一步拉近观众与故宫的距离，让文物活过来，让故宫年轻起来，故宫也成了网红，走进千万年轻人的心中。

城市规划师单霁翔

他推动故宫的开放面积由 30% 扩大到 80%，在开设更多类型展厅的同时限制高峰期人流，降低淡季门票，让更多喜爱文物的人走进来；推动开放更多闸机，研究出最合适的休息座椅和比例合适的男女卫生间，让游览故宫不再是件麻烦事；推出有趣新潮的文创产品，人们可以在故宫官微上与历史人物互动，让历史活过来；设立文物医院，牵头拍摄《我在故宫修文物》《国家宝藏》，让更多人了解到光辉灿烂文物背后的故事。这一系列的举动，令历史悠久的故宫，在今天愈发年轻起来。

三、地理学科与未来生活

大自然即是一册完好教本，一粒花种种入于地，由发芽而至成长、开花、结籽，若日日注意考察其生长状况，则所得何尝不胜读一册自然教本也。

——竺可桢（气象学家、地理学家）

（一）地理学科简介

地理是什么？古代人类主要的活动范围局限在陆地之内，为了能够吃饱穿暖，人们不断了解总结大地上的变化规律，在这个过程中诞生了一门为人类衣食住行服务的学科——地理。

随着社会的发展，人类活动范围不断扩大，地理学科的研究范围也在不断扩大。比如在深海中找矿，在太空中观察台风。

初中地理课程主要想让我们了解、感受不同区域的自然地理与人文地理特征，比如珠江附近的人为什么喜欢吃米，台湾为什么会有众多的奶茶品牌，非洲的大草原上会有哪些动物……当从地理的视角认识和欣赏这些事物，我们不仅能感受到大自然和人类社会的瑰丽、有趣，提升生活品位和精神体验层次，而且还能培养我们对人口、资源、环境等问题的思考，这将利于整个人类社会的发展。

（二）学科与行业职业

学习地理学科——

可从事的行业：矿产探测开发；环境研究保护、社会调查服务、地理信息系统、教育研究等；

可从事的职业：测绘员，气象工作者、水利工程师、护林员、防震减灾工作者，城乡规划师、人口普查员、地图绘制员，地图软件工程师、遥感卫星工作人员，地理专家、地理教师，等等。

（三）学科生涯人物

中国现代气象学家——竺可桢

气象学家竺可桢及其题字

竺可桢，中国近代地理学和气象学的奠基者。竺可桢幼时好学，国学功底深厚。他十分敬佩宋代诗人陆游和明代学者王阳明等人的学识和思想，遂萌生了爱国为民思想。他也常常去到田野观察草木生长、风云变化，思忖庄稼生长与风雨变化的关系。

1910 年竺可桢考取公费留学，因中国是以农立国，他选择进入农学院，潜心研读与农业关系密切的气象学，1918 年获哈佛大学气象学博士学位，旋即回国。回国后，他组建了中国气象观测网，建立了 40 多个气象站和 100 多个雨量测量站。自他留美归国后的第二天到他逝世的前一天，他每天观察并记录物候和天气，研究气象变化规律，并撰写了《气象学》与《物候学》，开创了中国现代气象科学。

竺可桢先生从事气象、地质等科学研究时，始终将其与中国的人口、资源和环境问题相关联，并在经济社会发展实践中倾力躬亲。地理学是介于自然科学和人文科学之间的综合性科学。竺可桢一直担任中国地理学会理事长，亲自主持筹建中国科学院地理研究所。中国丰富的历史资料是研究地理学的宝库，他十分重视历史自然地理的研究。

作为浙江大学前校长、教育家，竺可桢提出大学要培养“以天下为己任”的领袖人才。他认为，大学教育的目标在于培养“公忠坚毅，能担当大任、主持风气、转移国运的领导人才”。竺可桢要求学生：求学不仅在科目本身，而且要训练如何能正确地训练自己的思想；我们人生的目的在能服务，而不在会享受。

生涯书籍

书名：《她们的传奇》

作者： 佩内洛普·芭桔

译者： 王晨雪

内容简介： 本书为改变人类历史的传奇女性们的传记故事合集。全书图文并茂，笔调风趣又略带夸张，生动刻画出30位在各自所处的时代和地域都影响巨大的女性群像。她们独立、坚强、聪慧，又不乏率性，打破了社会对女性的偏见。从她们的故事中大家会感受到，勇于打破壁垒的女性，不仅让自己的人生闪闪发光，还让时代因不一样的她们而熠熠生辉。

生涯电影

片名：《驭风男孩》

导演： 切瓦特·埃加福特

内容简介： 电影讲述一个改变人生的真实故事——Kamkwamba在13岁那年，以小块金属废料、旧自行车零件和木材修建了风轮机，拯救了自己的村庄。

因家里没钱交80美元一年的学费而失学，热爱学习的Kamkwamba溜到学校的图书馆，找到了一种拯救饥荒村庄的方法：用父亲的自行车的主架打造了一个简陋但可行的风车，接着驾驭风来发电，为西部地区提供了急需的电力，摆脱了政府断电的干扰。这个发明也让Kamkwamba得到马拉维一名教授的资助，获得学校的奖学金，并与非洲大陆其他的发明者进行深入交流。

第四节　艺体学科与未来生活

生涯名言

体操和音乐两个方面并重，才能够成为完全的人格。因为体操能锻炼身体，音乐可以陶冶精神。

——柏拉图（哲学家）

人都需要娱乐和变换兴趣，以防止变得迟钝，对美的感知和理解是审美教育的核心，是审美的要点。

——苏霍姆林斯基（教育家）

丰子恺曾说："人生有三层境界：第一层是物质生活，第二层是精神生活，第三层是灵魂生活。"现今世界物质生活已经十分充裕、丰富，我们需要好好思考，如何发展自己的精神生活和灵魂生活。

一、音乐学科与未来生活

在真正的音乐中，充满了一千种心灵的感受，比言词更好得多。

——门德尔松（音乐家）

（一）学科简介

音乐是无形的，但却拥有无穷的力量。德国音乐家贝多芬说过，领悟音乐的人，能从一切世俗的懊恼中超脱出来。音乐不仅能陶冶我们的性情修养，还能抚慰心灵，舒缓心情，给我们带来快乐。音乐是生活中的一股清泉，是陶冶性情的熔炉。有科学研究发现，学习音乐对所有学习活动都具有促进作用。爱因斯坦说："我的科学成就很多是从音乐启发而来的。"

在听音乐时，同学们要用自己的经验、印象和知识的积累去补充、丰富它。音乐学科的学习是需要长期训练的。刘勰曾说过，凡操千曲而后晓声，观千剑而后识器。这也是很多学习艺术的人长期以来坚守的一条，时时手不离乐器。

（二）学科与行业职业

学习音乐学科——

可从事的行业：音乐表演、影视制作、多媒体、音乐教育、音乐研究等；

可从事的职业：作曲家、演奏家、音乐编辑，影视演员、戏剧演员，影视后期制作人员、音效师，音乐教师、音乐研究专家，等等。

（三）学科生涯人物

人民音乐家——贺绿汀

音乐家贺绿汀

贺绿汀（1903—1999），音乐家，曾任中国音乐家协会副主席、上海音乐学院院长。家乡美丽如画的山水和优美动听的民歌，滋润着他的少年心灵。他放牛、拾柴时常与村童对歌。他以第一名的成绩考入长沙岳云中学艺术专修科，攻读绘画与音乐，1926年秋毕业留校任音乐教员，为北伐军组织义演。

抗日期间，贺绿汀以满腔热情投身于抗日救亡的革命洪流中，积极从事进步电影的配乐工作，先后为《马路天使》《船家女》《胜利进行曲》《青年中国》等几十部电影创作了歌曲。贺绿汀采用民歌作为音乐素材，将其进行改编和配器，旋律清新细致，润腔细巧，风格朴素自然。他创作的“没有枪，没有炮，敌人帮我们造”等歌曲广为传唱。

新中国成立后，贺绿汀回到母校，担任上海音乐学院院长，从校舍建设到教学设备，从聘请教师到录取学员，他都亲力亲为。他还创办了上海音乐学院附中、附小，为国家培养初、中、高级优秀音乐人才。

贺绿汀一生创作了260余首歌曲，出版了《贺绿汀歌曲选》。其美妙的旋律，动人的音符，流淌在人民的心里，留在中华民族优秀的文化宝库中。

二、美术学科与未来生活

生活中并不缺少美，而是缺少发现美的眼睛。

——罗丹（艺术家）

（一）学科简介

美术是什么？今天你美了吗？

美术，除了我们熟知的绘画外，还包含雕塑、书法篆刻、工艺美术、设计艺术、影像艺术等。像我们每天穿的衣服，就蕴含色彩搭配的美；每天看的建筑，则蕴含形状设计的美。可以说，生活无处不美术。

学习美术，可以提高我们个人的审美能力，丰富我们的美好感受。我们对美术的学习和实践，伴随着对世间万物的不断观察、感受，伴随着对自己的不断认知，因此学习美术会使我们对事物的理解更深入，心灵安宁，不断美化我们自身的生活。

除了日常生活中的美学，其实人类的很多作品，如音乐厅、博物馆、桥梁等都是工程与美学结合的重要创造。

美是人类社会不可缺少的东西，犹如生活之需要阳光。美育是培养健全的人不可缺少的教育，犹如维生素之于生命。我们也许不能人人都成为艺术家，但艺术能给予我们每一个人精神与灵魂最好的滋养。因为艺术和个人修养、品位等素养密切相关。

（二）学科与行业职业

学习美术学科——

可从事的行业：绘画、建筑、服装、动漫、雕塑、城乡规划、美术教育等；

可从事的职业：画家、插画师，建筑设计师、室内设计师、家具设计师，服装设计师、舞台设计师、道具设计师，漫画家、动漫制作人员，雕塑家、模具制作人员，园艺师、城市规划师，美学家、美术教师，等等。

（三）学科生涯人物

画家、美术教育家——徐悲鸿

徐悲鸿（1895—1953），江苏宜兴人。中国现代画家、美术教育家。曾留学法国学西画，归国后长期从事美术教育，先后任教于国立中央大学艺术系、北平大学艺术学院和北平艺专、中央美术学院。

徐悲鸿9岁起随父习画，学习调色、设色等绘画技能，坚持每日临摹名画一幅，13岁随父辗转于乡里卖画接济家用。这些经历丰富了徐悲鸿的阅历，开拓了其艺术视野。他17岁时到上海卖画谋生，并借机接触、学习西方绘画。1919年他赴法留学，考入巴黎国立美术学校学习油画素描。他游历西欧诸国，观摩研究西方美术，还常去动物园画狮子、老虎、马等各种动物，以提高自己的写生能力。

徐悲鸿擅长人物、走兽、花鸟，所作国画彩墨浑成，尤以奔马享名于世。他推进了国画改革，主张光线、造型，讲求对象的解剖结构、骨骼的准确把握，贯通东西方技法，强调作品的思想内涵，对当时的中国画坛影响很大。

画家徐悲鸿及其作品

三、体育与健康学科与未来生活

欲文明其精神，先自野蛮其体魄；苟野蛮其体魄矣，则文明之精神随之。
——毛泽东（思想家、政治家）

（一）学科简介

体育与健康学科十分重要。体育运动不仅能锻炼身体，帮助养成良好的运动习惯，也有利于调节个体的心理，培养健全的人格品质。体育经常是团体性合作活动，因此，体育也具有积极的社交作用。

青少年时期是养成运动习惯的关键时期。苏联诗人马雅可夫斯基说过："世上没有比结实的肌肉和新鲜的皮肤更美丽的衣裳。"体育运动能给我们带来身心健康与美丽，也能磨炼我们的意志力，提高抗挫能力，培养团队协作精神，促进人际交往能力，同时还能促进大脑发育，提升学习效率和能力。

（二）学科与专业职业

学习体育学科：

可从事的行业：体育、训练指导、康复训练、体育媒体、健康教育、运动研究等；

可从事的职业：运动员、裁判员、教练、分析师，康复师、健身教练、营养师，球探、球队经理、赛事工作人员、体育节目解说主持，体育老师、体育研究专家，等等。

（三）学科生涯人物

篮球明星——姚明

运动员姚明

姚明出身于上海的一个篮球世家，父母亲都是篮球运动员，他拥有父母身高的特征和酷爱篮球的基因。幽默和轻松的球场风格，再加上他平易近人的个性，使他在球迷中非常受欢迎。

1998 年 4 月，姚明入选国家队，开始篮球生涯。2002 年，他以状元秀身份被 NBA（美国篮球职业联盟）的休斯敦火箭队选中，2003 年至 2008 年连续六个赛季入选 NBA 西部全明星阵容。他用高超的体育技能，在一个强手如林的国家运动项目中占有了一席之地，成就了很多人的梦想，更成为中国人的骄傲。他出色的表现和爱国精神，使他带给人们的思考已经远远超过了体育本身。对祖国的情感、对现在的把握和对未来的期待，都使他成为中国体育和 NBA 的明星人物 。

姚明积极参加公益活动，2002 年成为“感动中国十大人物之一”，2013 年成为“传播中华文化年度人物”，2015 年获评“全球 50 位最杰出的领袖人物”。2012 年香港大学授予其名誉社会科学博士学位，以表彰他对运动及推动国际社会关注艾滋病所做出的贡献。

姚明现任亚洲篮球联合会主席、中国篮球协会主席、中职联公司董事长兼总经理，获得“改革先锋奖章”。

第五节　跨学科项目学习与未来生活

生涯名言

只有人们的社会实践，才是人们对于外界认识的真理性的标准。真理的标准只能是社会的实践。

——毛泽东（思想家、政治家）

开启人类智慧的宝库有三把钥匙：一把是数字，一把是字母，一把是音乐。

——雨果（作家）

跨学科项目学习是一种综合性的实践学习，它是以一个特定的项目，或者一个有研究价值的课题，或者是一群有共同兴趣和爱好的人而组建的一种学习方式。

生涯故事

少年有志的范仲淹

范仲淹，宋代有名的政治家、文学家，少年有志于天下。他两岁丧父，母亲贫困无依，改嫁到一位姓朱的人家。范仲淹懂事之后，明白了自己的家世，泣别了慈母，到南都学舍勤学苦读，5 年间竟没有解开衣服好好地睡过觉。他生活十分艰苦，曾在一碗稠粥中，画个十字分成四块，分为四顿充饥。

范仲淹天资聪颖，志向高远，勤学不辍，精通四书五经之意，通过科举制度进入庙堂为国尽忠。他多年在北方戍守边关，千古名句“先天下之忧而忧，后天下之乐而乐”道出了他的伟大抱负。

科比的自律与坚持让他更自信

美国篮球明星科比深受大众喜爱，他在篮球场上也是自信满满，叱咤风云，战绩赫赫。人们都认为，科比是天生的篮球明星。但当记者问他：“你为什么能如此成功？”科比反问道：“你知道洛杉矶每天早上 4 点钟是什么样子吗？”

科比说：“每天早上 4 点，洛杉矶仍然在黑暗中，我就起床行走在黑暗的洛杉矶街道上。一天过去了，两天过去了，10 多年过去了，洛杉矶早晨 4 点的黑暗没有改变，但我已变成了肌肉强健、有体能、有力量、有着很高投篮命中率的运动员。”

科比就是在这样日复一日比别人付出更多努力训练的坚持中，才练就一身过硬本领。在一次次的篮球赛中的成功感都让他变得更加自信。

一、STEM 学习与未来生活

科学家在思想中给予我们以秩序；道德在行动中给予我们以秩序；艺术才在对可见、可触、可听的外观的把握中给予我们以秩序。

——卡西尔（哲学家）

（一）STEM 课程简介

STEM 代表科学（science）、技术（technology）、工程（engineering）、数学（mathematics），STEM 就是科学、技术、工程、数学等多领域的融合。STEM 课程一般是从身边的问题出发，利用科学、技术和数学知识，借助工程思维来开展项目性学习的课程。

作为一种综合性课程，STEM 在调查阶段可能要用到与人交往的能力，在研究过程中要用到科学、技术和数学知识，在撰写报告阶段要用到语文即语言表达能力，在制作设计过程中可能会用到美术和音乐等课程所学。如果项目能有机会参加国际交流，那就要用到外语。所以这是一种综合性很强的课程。如果能够认真做完一个 STEM 项目，你会发现自己的综合能力得到了很大提高，自信心、表达能力等也都有了提升。

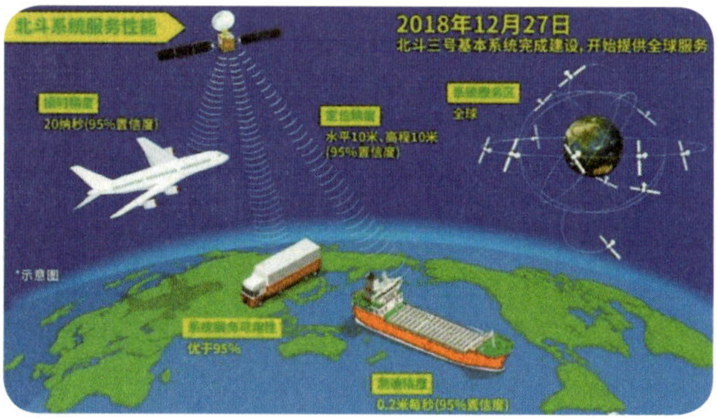

北斗卫星系统定位导航示意图

所有的现代工程系统都是跨学科合作的结果。以我国的导航系统——北斗卫星系统为例，它涉及光学知识、地球知识、宇宙知识、通信技术、数学演算、遥感技术等，完成这项工程需要物理学、地球科学、信息技术、数学等多学科合作。

苏州博物馆

以“建筑”为例，这是一个综合了科学、技术、数学、艺术、文化和工程的项目。用著名建筑学家梁思成的话来说，“建筑师直接的工作是建筑物之创造，为社会解决住的问题，间接地说他们是文化的纪录者，是历史之反照镜，所以建筑师们的责任十分地重大”。

（二）学科与行业职业

学习 STEM 课程——

可从事的行业：所有工程类的专业和职业都是 STEM 的领域，如工程设计、工程建造、建筑施工、建造设计等；

可从事的职业：工程师、建筑师、机械设计师、车辆设计师、飞机设计师、航天器设计师、武器设计师等。

（三）学科生涯人物

神舟总设计师——容易博士

火箭设计师容易

2021 年搭载“神舟十二号”载人飞船的“长征二号”F 遥十二运载火箭成功发射，将宇航员和“天宫一号”等送入太空。火箭设计师容易博士是运载总体技术首席专家、国际宇航科学院通讯院士，获得了“全国三八红旗手”称号。

容易，2006 年毕业于清华大学，获工学博士学位，2008 年博士后出站后，她进入自己梦想中的航天领域，全程参与了载人航天工程交会对接和空间实验室的所有任务，并担任各环节指挥。作为运载火箭总设计师，每次发射都意味着迎接一场“大考”。她名叫容易，却做着最不容易的工作。容易曾说：坐在指控大厅里，总感觉像在考场里一样，既激动又紧张。但当火箭升空的那一刹那，我就会变得冷静了，因为经过多轮严密的技术攻关和验证，自己没什么可紧张的。

容易总设计师是实现航天强国梦征程中的杰出女性代表。在我国航天事业中，从来不缺乏巾帼代表，如长征系列运载火箭一、二级发动机主任设计师张金容、中国载人航天工程航天员系统总设计师黄伟芬、中国首位女航天员刘洋、神舟十二号飞船航天员王亚平，这些杰出的女性在祖国的航天事业领域展现了女性的智慧和担当。

二、综合实践活动学习与未来生活

纸上得来终觉浅，绝知此事要躬行。

——陆游（诗人、史学家）

（一）学科简介

实践是检验真理的唯一标准。综合实践活动是为培养同学们的创新精神和实践能力而开设的国家必修课，是学生在教师指导下，基于自己的日常经验、生活和社会实际，主动去了解、学习、实践的一种活动性课程。

目前学校开展的综合实践活动主要包括研究性学习、社区服务与社会实践等。

研究性学习注重对某一内容持续不断地深入了解，社区服务注重融入、服务自己生活周边的社会，而社会实践侧重对自己想要求证事物的探索验证。因此综合实践活动课程的内容是从学生的真实生活和发展需要出发的，通过引导学生亲身实践，发展学生收集、处理信息的能力，综合运用知识解决问题的能力以及交流与合作的能力，增强学生的社会责任感，并逐步形成创新精神与实践能力。

此外，参与社会实践活动还可以广泛地接触、了解到社会百态，领略不同地区的风土人情，见识不同行业的门道，丰富自己的阅历与情感。

综合实践能力是一个人立足社会必备的能力，是各领域翘楚的必备能力。知而行之，谓之知。只有身体力行做过了，你对事情的理解才会变得不一样。

（二）学科与行业职业

学习综合实践活动学科——

可从事的行业：社会工作、社区网络管理、街道办工作、经营管理等；

可从事的职业：项目经理、执行官、社区工作者、公务员、管理人员等。

参与社区服务，了解社会生活

佛山市某中学学生义工在驻校社工的带领下，到附近社区服务中心开展假期社会实践活动，分组开展职业体验活动。有的同学对社区李主任进行了工作采访与生涯访谈，对其认真的工作态度、多年扎根基层的工作经验十分敬佩；也有同学跟随着社区网格员到社区中体验基层的服务工作，向社区的商铺宣传消防安全、安全生产、防疫保护以及预防登革热传染病等知识，也向社区居民了解最近的生活情况及服务需求。活动让同学们了解了社区人员的工作，拉近了与社区的距离，坚定了为社区服务的决心，也获得了更多的生涯教育实践机会。

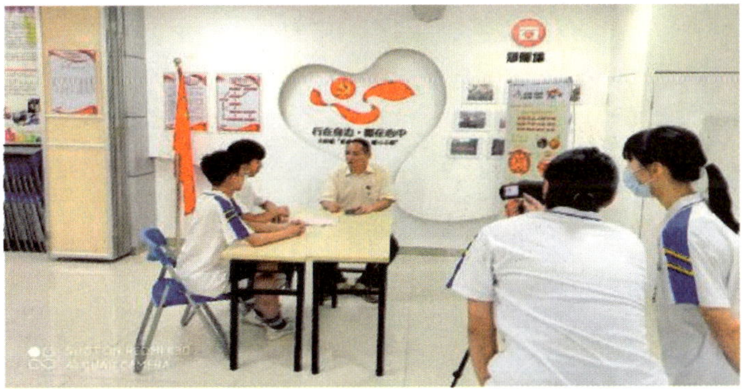

学生采访社区主任

三、劳动教育与未来生活

勤工俭学的意义还在于它能够培养和发挥青年的创造性和才能。如果我们给青年安排一条轻便的道路，他们只需饭来张嘴，上学就只念书，什么也不管，这样我们就会害了青年，会使聪明人也变成傻瓜。

——徐特立（教育家）

劳动是人生存的根本。没有人可以不劳而获。

劳动可分为体力劳动和脑力劳动，完成一件事情，往往同时需要体力与脑力劳动。不管是在刀耕火种的远古，还是信息发达的现今，最终取得成功的人，往往是能够很好地开发自己体力劳动能力与脑力劳动能力的人。

劳动教育成为我国初中的必修课程。

我们时时刻刻都可以劳动，因此劳动教育也可以在日常生活中完成。在家中，我们可以通过家庭日常清洁、烹饪、家居美化、家电维修等劳动，培养生活自理能力和习惯，增强家庭责任意识。

在学校里，我们可以通过打扫班级卫生，参与学校体育节、科技节等活动，或体验金工、木工、电工、陶艺、布艺等手工制作社团活动，发掘个人兴趣，提升人际交往能力。

在校外，我们可以通过参加社区公益活动，体验各类动手活动和劳动项目，来增强公共服务意识和担当精神；也可以学习相关技术，获得初步的职业体验，形成初步的生涯规划意识。

正如教育家所言，在我们的社会中，劳动不仅是经济的范畴，而且是道德的范畴。歌德也说过，劳动可以使我们摆脱三大灾祸：寂寞、恶习、贫困。劳动对人类和个体的价值都是无限的。只有通过劳动，人的心灵才会变得敏感温柔；只有通过劳动，人才具有用心灵去认识周围世界的能力。同学们，人类发展离不开劳动，个人的成长也离不开劳动，劳动使我们得到多方面的锻炼和提升。让我们用劳动创造美好的未来吧！

所有的职业都属于劳动，或者是体力劳动，或者是脑力劳动，或者二者兼而有之。劳动的精神、劳动的技巧、劳动的态度和劳动的能力是所有职业都不可缺少的。

生涯故事

学校小名厨

浩林同学是一所初中学校2019届毕业生，是学校里的“明星人物”，也是老师们的骄傲、同学们的榜样。在中考升学选择志愿时，他在志愿表上填报了他的唯一志愿，那就是信息技术学校高星级饭店运营与管理专业，并如愿以偿进入该专业的西餐方向就读。

进入初中后，浩林报名参加了学校的美食社团，目的很简单——这社团“有好吃的”。在社团老师指引下，他自主钻研美食。由于厨艺高，表现突出，他被评为年度“社团之星”，还担任了社长。

浩林同学在“我的成长故事”演讲中说：“是美食社团的美味激发了我的兴趣，使我潜心研究美食，成为一个会做各种美食的学校小名厨。从大家的鼓励中，我找到了自己的价值。我知道只要我努力做好，无限可能在自己手中。”美食社团给他提供了另一个成长的平台，也提供了独特的职业体验，让他发现并明确了自己喜爱的职业方向，收获了属于自己的成功感。

生涯活动

我的生涯档案

建立自己的生涯档案是生涯规划的有效路径。在收集整理自身成长信息的过程中，你会有一个持续的思考过程。生涯档案袋，可以包括以下四部分。

第一部分：自我认知、自我环境分析，调研家族职业，分析家庭支持资源，使用家族职业树去探索身边环境。

第二部分：职业认知和信息搜集，职业体验记录，升学信息收集。

第三部分：做出初步决策，树立自己的梦想、目标，实现规划。

第四部分：开展职业体验或者校内外模拟职业体验，最终目标是寻求到适合自己的人生发展的目标，并能制订行之有效的实施方案。

生涯档案袋

生涯档案目录

基本信息

姓名：　　　　年龄：　　　　学校：　　　　年级：　　　　时间：

目录：

1. 做一次职业访谈
2. 记录一次我的职业体验
3. 撰写一篇我的职业理想演讲稿
4. 参加一次志愿者活动
5. 绘制一幅我的职业自画像
6. 绘制我的家族职业树
7. 做一次职业倾向测试并记录结果
8. 做一次职业兴趣测试并记录结果
9. 其他（个性化实践）

生涯书籍

书名：《一生一事：顾方舟口述史》
作者：范瑞婷 访问整理

内容简介：顾方舟，人民科学家，中国病毒学研究之父。顾方舟出生于宁波的一个富裕之家。5岁那年，父亲不幸感染病毒去世，这让他从小埋下学医的种子。在战乱年代长大的他，看到老百姓遭受病痛的折磨，于是立志从医，救助百姓。顾方舟从北京大学医学院医学系毕业后，去苏联攻读博士学位。

据《一生一事》记载，1955年的“脊髓灰质炎”疫情先是在江苏南通暴发，有1680人突然瘫痪，其中大多数为儿童，且有466人死亡，随后迅速蔓延全国。1957年，苏联留学归国的顾方舟临危受命，开始进行脊髓灰质炎研究工作，这一年他31岁。1958年顾方舟在我国首次分离出“脊灰”病毒，之后又成功研制了“液体”和“糖丸”两种活疫苗，使数十万儿童免于致残。从无疫苗可用到消灭脊髓灰质炎，顾方舟用40多年护佑中国儿童远离小儿麻痹症。面对如此成就，他却谦逊地说：我一生只做了一件事，就是做了一粒小小的“糖丸”。所以，顾方舟有个更亲切的名字——“糖丸爷爷”，他是中国孩子心目中的英雄。

生涯电影

影片：《心灵捕手》
导演：格斯·范·桑特

内容简介：麻省理工学院的数学教授蓝波在席上公布了一道困难的数学题，却被年轻的清洁工威尔解了出来。威尔是个问题少年，成天四处闲逛，打架滋事。当蓝波找到这个天才的时候，他正因为打架袭警被法庭宣判送进看守所。蓝波向法官求情保释，才使他免于牢狱之灾。

蓝波为了让威尔找到自己的人生目标，不浪费他的数学天赋，请了很多心理学专家为威尔做辅导，但是威尔十分抗拒，专家们都束手无策。无计可施之下，蓝波求助心理学教授尚恩，帮助威尔打开心房。经过蓝波和尚恩的不懈努力，威尔渐渐敞开心胸，消除了人际隔阂，找回了自我。

第八章 青少年的生涯情商

情商就是管理情绪的能力。

——丹尼尔·戈尔曼（心理学家）

亲爱的同学们，从小我们一直被教育要好好学习，这是提高同学们的智商教育。但在职业生涯中和社会生活中，比智商更为重要的则是情商，情商不仅能影响个人在未来社会中的可持续发展，还直接影响人生的幸福度。

情商并不神秘。如何和身边的同学和老师更好地相处？如何获得他人的认可？如何面对挫折？如何树立清晰的目标？如何变得更加自律？妥善解决这些问题都和情商密不可分。结合青少年的年龄和心理特征，本章总结出青少年的八项生涯情商，如图所示。

让我们从现在就开始修炼自己的情商吧，它是我们职业生涯成功的关键！

一、目标感

生涯名言

把你的精力集中到一个焦点上试试，就像透镜一样。

——法布尔（生物学家）

有句谚语说：对于一艘没有航向的船来说，任何方向的风都是逆风。杰出的人物都是因其目标远大而气度不凡。周恩来总理在少年时代即树立了“为中华之崛起而读书”的远大志向，在学习和生活中严格要求自己，通过一生持续不断的努力，终于实现了少年时期的梦想。

目标蕴含为社会做贡献的意图。对待工作要有超越工作与职业的心态，使工作与自己的事业和人生使命结合起来。目标尽量要自我和谐，即将自己的终极目标与这个世界紧密相连，找到人生的价值和使命所在。在追逐目标的过程中能够感受到使命意义感，才能感受到快乐和动力，而且在遇到困难时会想方设法去克服。

关于职业目标，巴菲特的建议

对于成年人，著名的投资家巴菲特给出的目标设定的建议是：首先，写下 25 个职业目标。其次，将认为的 5 个最重要的目标圈起来。最后，好好地看一看没有被圈起来的那 20 个目标——它们是你需要不惜一切代价去避免的。他认为，一个清晰、明确的人生目标能够指引人生的方向，能给你提供原则和边界，让你保持在正确的轨道上。

医学家、万婴之母——林巧稚医生

林巧稚，中国妇产科学的奠基人，北京协和医院第一位中国籍妇产科主任，首届中国科学院唯一的女院士。

医生林巧稚

1901 年，林巧稚出生于福建厦门鼓浪屿的教员之家。年幼时，母亲因妇科疾病去世，这让她萌生了学医的想法，立志挽救受疾病困扰的女性们。

林巧稚从小学到高中均就读于女子学校，从厦门女子师范学院毕业后，她听闻北京协和医科大学正在招收学员，非常欣喜。在考试当天发生了一件事，当时有一位考生突然中暑晕倒，林巧稚救人心切，但等到她将中暑考生安置妥当后再去答卷，已经来不及了。她本以为这次考不上了，没想到正是因为她在考场救人，得到了医科大学校长的赞许。校长说："学医人必须要有悯世之心，林巧稚果敢善良、乐于帮助他人，正是我们要招收的学子。"1921 年，因学校破格录取，林巧稚如愿进入北京协和医科大学学习。

林巧稚一生立志于治病救人。她主攻妇产科，从医五十多载，接生过的婴儿有五十多万，被后人称为"万婴之母"。"世界杂交水稻之父"袁隆平也是她接生的。她为人真诚，对待医学工作勤恳认真，将毕生的心血都倾注在了伟大的救苦救难事业当中，为中国女性医疗做出了卓越贡献。

1949 年中华人民共和国成立的开国大典，她被邀请前往天安门观礼，但她觉得典礼可以不看，病人却不能等，便放弃了参加大典的机会。林巧稚在临终前还几次呢喃着："拿产钳！快！拿产钳。"她真正地将医学事业融入了生命，用一生去实现自己儿时立下的志向目标。

二、自信心

生涯名言

自信与骄傲有异：自信者常沉着，而骄傲者常浮扬。

——梁启超（思想家）

自信心，是指具有不断地超越自己的力量，是一种来源于内心深处的最强大力量。这种强大的力量一旦产生，你就会产生一种“毫无畏惧”“战无不胜”的感觉。美国作家爱默生说过：“自信是成功的第一秘诀。”当你拥有自信心之后，原本不能轻易解决的问题也能在不经意间迎刃而解。

如何才能提高自己的自信心呢？

1. 关注自身的闪光点

天生我材必有用，我们每个人身上都有这样或那样的优点，这是一个人身上的闪光点。例如，自己拥有的优良品德、良好习惯、兴趣特长等。

2. 为自己创设“小小的成功”体验

自信心需要通过参与一些具体事件，通过努力与磨炼后获得无数个小成就而获得。如果你对自己还不够自信，那么就从身边的小事开始，先给自己定一个“跳一跳”就能够得着的小目标，并尝试努力去实现它。当你获得无数个这样小小的成就后，你的自信心就会渐渐建立起来啦！

3. 培养自己的成长型思维模式

斯坦福大学心理学教授卡罗尔·德韦克提出了成长型思维和固定型思维这两种思维模式。具有成长型思维的人，认为人的智力和能力是可以改变和培养的，相信自己的能力和才智可以通过努力、学习和坚持获得进步；而具有固定型思维的人则刚好相反。

成长型思维的人会不断为自己制定新目标，以此来激励自己，对自己选择的领域保持兴趣。成长型思维的人会以乐观的心态来应对逆境，对未来永远充满希望，能够在 100 次摔倒后，第 101 次站起来不断尝试。

如何培养自己的成长型思维呢？第一，要树立积极的信念，相信人的智力和天赋等都可以通过努力得到提高；第二，要经常练习乐观的自我对话，多使用积极的建设性的语言，改善自己日常的语言表达习惯；第三，要学会积极地寻求帮助，找到了合适的方法、合适的人，困难就会迎刃而解。

生涯故事

埃菲尔用自信建铁塔

1887 年埃菲尔铁塔动工后，巴黎爆发出了一片谩骂和反对的声音，反对的名人有 300 多人，几乎囊括了当时法国艺术、文学、建筑领域的头面人物。

这些巴黎名流称埃菲尔铁塔是一个无用和丑陋的怪物。

对此，埃菲尔用自信顶住了各方面的压力，并做出了积极的回应。他说："我个人认为这座塔会有它独特的美。工程师不仅注重建筑物的坚固与持久，也会兼顾它的优美的。"他成功地消除了人们的质疑，反对的声音渐渐减少，埃菲尔铁塔终于修建完成。后来，埃菲尔铁塔成了巴黎的标志之一，被法国人爱称为"铁娘子"。

生涯活动

我的闪光卡

让身边的父母、同学、老师、朋友帮你写闪光卡，当你看到闪光卡上满满的赞赏，你一定会惊奇地发现：哦！原来我身上有这么多的优点呐！你会对自己有个全新的认识。仔细思考这些闪光点，选出几个你最显著的闪光点并将之发扬光大，过不了多久你就会成为一个自信满满的少年。

我的闪光卡

我认为自己的闪光点	
父母眼中我的闪光点	
同学眼中我的闪光点	
老师眼中我的闪光点	
朋友眼中我的闪光点	

三、人际交往能力

爱人者，人恒爱之；敬人者，人恒敬之。

——孟子（思想家）

人是社会性动物，交往是人类的基本需要。

踏进初中校园的你面对的是一个崭新的学习和生活环境，在这里你会遇到一些新同学，交到一些新朋友，发展出一种新的人际关系。如果过于任性，不会忍让，没学会尊重他人，或因一些小事就闹矛盾，便容易造成交往障碍，增加自身的心理压力，也会影响个人的工作和学习生活，乃至个人发展。

没有尊重的地方无法产生良好的人际关系，没有良好的关系就不能顺畅交流。人际交往能力是未来人生的重要技能。那么，如何能更好地提升我们的人际交往能力呢?

1. 多听少说，做个好的倾听者

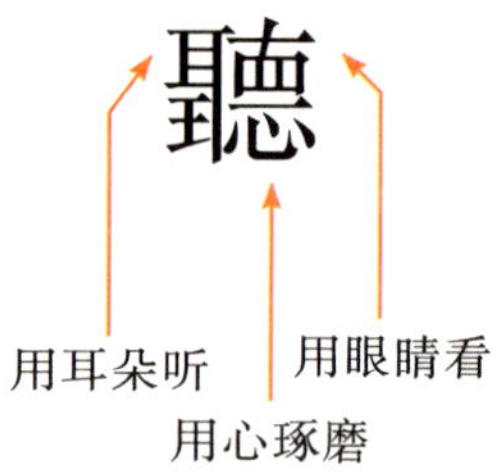

理想的沟通者常常是多听、少说的。良好人际沟通的前提是倾听，只有愿意聆听同伴的心声或师长的建议，才能让沟通和交往朝着良性方向发展；只有认真倾听，才能收获信任，才能达成共识。

2. 学会换位思考，培养自己的同理心

良好的人际交往，需要换位思考，培养同理心。当对方向你诉说时，你要把自己代入到对方角色中，设身处地去体会别人的感受，真诚地关心他人，理解他人，要给对方充分表达的机会。你可以时不时接一句“嗯，然后呢”，或“当时你肯定很难过”这样的话，引导对方把所经历的事情和感受都表达出来，这就是有同理心的表现。

我们不仅要理解他人的困境，在必要时还要出手援助，给予力所能及的帮助，才能发展良好的人际关系。

3. 培养自身兴趣，积极参加社会活动

兴趣广泛更容易结识志同道合的朋友。培养自己多方面的兴趣特长，你

就会拥有更多与人交流的共同话题。要想培养自己的人际交往能力，要多参与各种社会实践活动，如学校、社区和家庭里的各种活动，以扩大自己的交际面。在交往中要积极主动、乐于助人、平等相处、和善友好，这样你就会成为一个受欢迎的人。

生涯故事

宿舍里的故事

小佳在初中读了寄宿制学校，同宿舍6个女孩子都相处得很好。小佳每周都会带一小箱牛奶到宿舍，每天喝一支。有一天小佳发现自己的牛奶少了一盒，她还以为是自己记错了。第二天，小佳发现牛奶又少了一盒，她觉得很奇怪，就问同宿舍的同学谁拿了，大家都摇头说没拿。她很生气，怀疑宿舍里某个舍友是小偷，于是就当着所有舍友们的面骂了很多非常难听的话。第三天小佳发现牛奶一下少了两盒，这显然是在报复啊！她更生气了，直接去找老师和宿管告状，可宿舍又没监控录像，老师和宿管也没办法。小佳气得不行，回到宿舍觉得每个舍友都有可能是小偷，结果大家因为她的疑神疑鬼，都不愿意和她玩了。

后来，小佳打电话给妈妈，问妈妈有什么办法能把小偷揪出来好好整治一番！妈妈听了以后笑了，问小佳："是一盒牛奶珍贵，还是和同学之间和谐的人际关系更珍贵呀？"小佳听妈妈这样问，沉默不语了，因为丢失牛奶这件小事确实导致自己这几天都没心思听课，和舍友的关系也一落千丈。妈妈开导小佳说："下周妈妈给你带两箱牛奶，你给舍友每人送一盒，就说自己不应该因为几盒牛奶斤斤计较，请大家原谅。"小佳照做了，没想到隔天就在柜子里收到了一张匿名的小纸条，不仅对她道了歉，还附了一个文具盒作为道歉礼物。小佳和舍友的关系也恢复到从前的亲密无间了。

思考题：小佳在这次事件中学到了什么？

四、抗挫力

生涯名言

没有伟大的意志力，就不可能有雄才大略。

——巴尔扎克（作家）

什么是抗挫力？

抗挫力是指从挫折中恢复和振作的能力，它可以帮助我们克服困难，让我们在困境中保持乐观、自信，努力向前。抗挫力是一种积极的人格品质。有抗挫力的人把挑战当作机遇，直面问题，积极寻找解决问题的办法，在此过程中，会变得更坚强。正如《荀子》中所记述的“岁不寒无以知松柏，事不难无以知君子”。

抗挫力在一个人身上也是不均衡的。例如，一个人在工作和学习方面可能有极高的抗挫力，在生活方面却需要别人的帮助。因此同学们在遇到挫折时，一方面要积极应对，另一方面寻求帮助和支持也是十分必要的。

生活中的挫折总是来得出其不意，如何培养自己的抗挫力呢？

1. 遇到挫折先写下来，舒缓情绪

每当我们遇到挫折时，可以将所遇到的困难或挫折先写下来，引导自己的情绪恢复平静，再冷静思考自己所遇到的挫折是由哪些原因导致的，还有哪些方法和对策能尝试着解决问题等。

2. 保持适度的自我期待

朝气蓬勃的青年人经常会对自己或者环境抱有极高的期待，对生活中可能遭遇的坎坷估计不足，对自身缺乏客观认识，所以一旦遭遇不顺就很容易产生挫折感。挫折也是我们正确认知自我的好时机，对自己要有正确的自我期待，不要太高，也不要太低，自我期待要适度。

3. 多运动，保持阳光心态

科学研究表明，一个人的身体素质直接影响人的心理特性。拥有一个健康的身体，多参加体育锻炼，能让我们的大脑释放多巴胺，能有效抑制不良

情绪的产生，使我们的抗挫力得以增强。

4. 学会倾诉和寻求帮助

生活中遇到挫折是很正常的，遇到挫折时产生紧张或消极情绪也是正常的。如果自己无法处理好，可以寻求身边同学、老师、家长的帮助，通过倾诉或某种形式的发泄也可以缓释不良情绪。在必要情况下，还可以寻求专业心理老师的帮助。

你怎样对待逆境和挫折，将决定你怎样度过一生。你拥有多强的抗挫力，就能走多远的路。生活中的挫折，都会成为通往前路的垫脚石。积极的抗挫力能让一个人像皮球一样，每一次被拍打时都能高高弹起。

大疆公司创始人——汪滔

汪滔从小喜欢航模，在读了一本讲述红色直升机探险故事的漫画书之后，他开始对天空充满了想象，并开始大量阅读与航模有关的读物。初中时，汪滔继续着对直升机的学习探索，一直到高中、大学，他始终保持着儿时对直升机最期待的想象——“可以停在空中不动，想让它停哪里就停哪里”。

汪滔上过两次大学，第一次上了一段时间后，觉得不合适，选择了退学。后来，他有机会进入了香港科技大学就读。大学做毕业设计，汪滔选择将研究遥控直升机的飞行控制系统作为自己的毕业课题，虽然毕业课题演示失败，但在之后跟着李泽湘教授读研究生期间，他带着未完成的课题继续研究，并创建了大疆创新公司。

创业初期，公司运营面临诸多挑战。导师的加盟与支持给汪滔团队很大的帮助，使得大疆公司的发展进入了新阶段。2013 年大疆发布“大疆精灵”，迅速占领了民用无人机市场的大部分份额，走上了快速发展之路。

五、问题解决能力

生涯名言

一个人取得的成绩，往往取决于性格上的伟大。

——爱因斯坦（科学家）

联合国教科文组织提出了“学会学习、学会生活、学会做人、学会工作”的教育目标。在生活中遇到问题，首先应该想到的是自己怎么解决，其次才是求助他人。当你学会了运用一些策略和办法来独立解决问题，你就能拥有自信的人生。

在实际生活和工作中，解决问题的能力主要表现为以下四点：

第一是发现问题的能力。要做一个生活中的有心人，善于在学习和工作中通过观察发现问题，从而推动工作的整体性发展。

第二是分析问题的能力。通过对问题的分析，运用自己的知识和经验储备，找到问题的本质和关键点。

第三是解决问题的能力。经过对问题的综合分析与判断，找到问题的核心点，然后找到一个或多个解决问题的方法或方案。

第四是管理问题的能力。总结分析整个问题的来龙去脉，对同类问题做归纳总结，未来遇到类似问题，就可以快速拿出解决方案，提高自己预测问题、分析问题和解决问题的能力。

生涯知识

美国哈佛大学的丹尼尔·戈尔曼教授等研究者认为，情商由自我意识、控制情绪、自我激励、认知他人情绪和处理相互关系等五个维度组成。他认为，“个人的成功，智商（IQ= intelligence quotient，即智力商数）的作用只占 20%，其余 80% 是其他的因素，其中情商（EQ= emotional quotient，即情绪商数）占很大一部分因素”。

生涯人物

“天眼”首席工程师、人民科学家——南仁东

南仁东，中国天文学家，中国科学院国家天文台研究员，人民科学家，FAST 工程（“中国天眼”）首席科学家兼总工程师，也是该工程的主要发起者和奠基人。

天文学家南仁东

南仁东小时候学习成绩异常突出，屡获学校表彰。1963 年，他以“吉林省理科状元”的身份考入清华大学无线电系，后在中国科学院研究生院获硕士、博士学位，1982 年进入中国科学院北京天文台工作。

南仁东作为工程团队的带头人，以坚韧不拔的毅力、卓越的问题解决能力和专业精神，开拓性地开展工作。作为项目首席科学家、总工程师，他负责编订 FAST 科学目标，全面指导 FAST 工程建设，并主持攻克了索疲劳、动光缆等一系列技术难题，顺利完成了 FAST 从选址、预研究、立项、可行性研究、初步设计到建成的伟大工程，建成了具有中国自主知识产权、世界第一大单口径射电望远镜，在射电天文研究领域、国家重大需求、国际合作等方面做出了重要贡献。

自 1994 年项目预研究到 2016 年 FAST 落成启用的 22 年间，南仁东把一个朴素的想法变成了国之重器，成就了中国在世界上独一无二的项目。为表彰他的卓越贡献，国家天文台于 1998 年 9 月 25 日发现的小行星被正式命名为“南仁东星”。

六、责任感

要使一个人显示他的本质，叫他承担一种责任是最有效的办法。

——毛姆（作家）

正如梁启超所言："人生须知负责任的苦处，才能知道尽责任的乐趣。"人只有有了责任感，才能具有驱动自己一生都勇往直前的不竭动力，才能感到许许多多有意义的事需要自己去做，才能感受到自我存在的价值和意义，才能真正得到人们的信赖和尊重。责任心是成功的基石，是一个成功者的必备条件。

有责任感，就是把交代给你的事情和你答应的事情做好。只有勇于承担责任，才能让人放心地把事情交给你，你才能担当更重要的职责，获得更大的成就。

工作中的责任心就是对他人的支持，对组织的支持和对工作的积极态度。有责任心的人每做一件事都会坚持到底，按时按质按量完成任务，不会半途而废，也不会推卸责任。

责任心是指对事情能敢于负责、勇于主动负责的态度。责任心是做好工作的第一要素，比任何能力都重要。只要有责任心，绝大部分的工作都能得到很好的解决。责任心是每个人立足社会必不可少的，一定要尽早培养自己的责任心。

如何培养自己的责任心，养成责任感呢？

1. 重视小节，培养认真负责的好习惯

当你把责任变成一种习惯时，做事认真负责也就逐渐融入你的生活中，不需要他人监督也可以去做。

2. 自立自强不依赖

在学习和生活中不依赖别人，自己做好自己的事，遇事不抱怨，学会积极地应对困难和解决问题，这样才能逐步培养我们的责任感。

3. 勇于担当不推脱

虽然为自己开脱是一种本能的防卫机制，但是当你在努力地为自己开脱的同时，你可能就忘记了自己的责任。勇敢承担责任的人才能最终赢得别人的尊敬和信任。在日常工作生活中，我们都能看到一些人很聪明能干，但却没有做出什么业绩，甚至工作中纰漏不断，究其原因就是缺乏责任心，而另外一些人做事坚毅果断，敢做敢当，目标清晰，事业有成并拥有良好的信誉，分析原因就会发现，他们对人、对事、对工作有强烈的责任心，托付的事情，他们一定会保质保量做好。

舍命保护学生的谭千秋老师

谭千秋（1957—2008）生前为四川绵竹东汽中学学生处主任，四川省特级教师。

中学教师谭千秋

2008 年 5 月 12 日 14 时 28 分，四川汶川发生强烈地震，波及绵竹。当时，谭千秋正在教学楼高二（1）班的教室里上课，他意识到情况不妙，大喊着让同学们往操场上跑。几秒钟后，教学楼开始坍塌。当他得知有几个同学还没有离开，立即从三楼返回四楼。看着身边 4 个来不及逃离的孩子，谭老师将他们塞进课桌下，然后张开双臂紧紧地趴在课桌上，用自己的血肉之躯保护学生。

5 月 13 日晚，当搜救人员从教学楼坍塌的废墟中搬走压在谭千秋身上的最后一块水泥板时，在场所有人都潸然泪下。他跪扑在地，伸开双臂，在他身下，蜷伏着 4 名学生，他的手臂上伤痕累累，脑袋后部被楼板砸得凹了下去，4 名学生在他的保护下成功获救。谭千秋老师为了保护学生，献出了自己宝贵的生命，他用生命诠释了为人老师的爱与责任，他那张开双臂的身躯成为人们心中一座永不倒塌的丰碑。

在 5·12 地震当天，谭老师讲课的内容是“人生的价值”。危难时刻，他以实际行动给所有人上了最好的一课。我国的文艺工作者以谭千秋老师的故事为原型，创作拍摄了电影《最后一课》，作为对逝者的怀念，对生者的激励。谭千秋老师被追授“全国抗震救灾优秀共产党员”“抗震救灾英雄”等荣誉称号。

七、自律

生涯名言

登峰造极的成就源于自律。

——松下幸之助（企业家）

自律是情商中最重要的特质之一，是自我能力发展的重要手段。自律的人，知道什么事能做，什么事不能做，懂得调整自己，不会为无意义的人和事浪费自己的精力和时间。当你足够自律，就会更加专注提升自己，也会更加踏实，信心十足。

自律让生活更美好。自律使你有独立的人格、精神和经济能力，加上健康的体魄，这一切都是美好生活的基础。自律可以让人获得更大程度的自由。自律的人生会更精彩，自律的人终将脱颖而出。自律可以开阔眼界，赢得尊敬。

一个人最大的胜利就是战胜自己，而自律就是战胜自己最好的手段。自律就是你有勇气让自己去做必须做的事情。人们往往会遇到一些让自己讨厌的事情，而在这种情况下，你应该克服情绪的干扰，做必须做的事情。

生涯知识

君子慎独

《礼记·大学》有云：“诚于中，形于外，故君子必慎其独也”。真正的自律在于慎独。慎独是我国的一种道德修养方法，是指在闲居独处无人监督之时，更须谨慎从事，自觉遵守各种道德准则。

如何才能做到自律呢？做到自律可以借由以下三个步骤：

第一步，学会控制欲望。

让适度的欲望成为推动自己前进的力量，而不能让过度的欲望损伤自己的身心。每当不合理的欲望来临之际，若能凭借意志力和方法克服一次，就是一次小小的成功。每获得这样一次小小的成功，就可以在内心给自己一些肯定。

第二步，学会控制情绪。

人都会有焦虑、恐惧、骄傲等情绪，要学会控制好自己的情绪，不要太高兴，也不要太悲哀，让情绪在一个稳定的范围内小幅度波动，这样才能保持宁静与稳定，进而学会直面现实，寻找解决问题之路，而不是逃避现实。

第三步，按时完成任务。

设置合理的目标，制订合适的计划，并严格执行计划，养成“今日事，今日毕”的习惯，做事不要拖拉。自律可以让人更快地改正自己身上的毛病，处事干净利落，凡事都井井有条。

自律是自信的开始。自律让你的生活规律，让你的饮食规律，让你的锻炼规律，让你的身体和心理更加健康。自律也是对自己的一种磨炼。加强自律也就是磨炼意志的过程。意志坚强者，自律力更强。

生涯故事

富兰克林和他的自律准则 13 条

本杰明·富兰克林是美国著名的政治家、物理学家，发明了避雷针。他热爱阅读，涉猎广泛，总结出了指导自己生活的自律准则 13 条，并一世遵照执行。自律造就了他传奇的人生，他从一个印刷小工，成长为美国建国三杰之一。

富兰克林的自律准则 13 条：（1）节制，食不过饱，饭不过量。（2）缄默，避免空谈，言必对己或对人有益。（3）有序，一切要井然有序，一时一事都要有周全计划。（4）决心，当做必做，做就要做好。（5）节俭，对人或对己有益才可花钱，决不浪费。（6）勤奋，珍惜光阴，做有益之事，避无谓之举。（7）真诚，不欺骗，有良知，为人厚道，说话实在。（8）正义，不做不利于人的事，不逃避自己的义务。（9）中庸，避免走极端，容忍别人给的伤害，认为是应该承受之事。（10）整洁，保持身体、衣服和住所的整洁。（11）冷静，不因小事、寻常之事、不可避免之事而慌乱。（12）节欲，不纵欲，不伤害身体，或损害自己的或他人的安宁与名誉。（13）谦虚，效法圣人先哲。

八、坚毅

生涯名言

贵有恒，何必三更眠五更起；最无益，只怕一日曝十日寒。

——毛泽东（思想家、政治家）

坚毅是什么？

坚毅，简言之，就是坚定有毅力，做事不怕困难，遇到挫折不放弃，坚定不移，持之以恒，绝不半途而废。正如《周易》中所言“天行健，君子以自强不息”。

坚毅有三个基本要素：热情、毅力和正确的长远目标。

“坚毅”三要素

在一生当中，我们不可避免地会遇到各种各样的挑战。有的人意志消沉，自我放纵；有的人直面痛苦，接受挑战。这些不同的表现恰恰是每个人所具备的坚毅力水平不同造成的。坚毅是对长期目标的持续激情与持久耐力，包含有自我激励、自我约束和自我调整等方面。

坚毅力是促使你全力以赴，不惜一切代价去努力奋斗、忍受煎熬甚至不畏牺牲，以实现伟大目标的能力。

如何提高坚毅力呢？

1. 要培养自己的兴趣，用兴趣维持长久的投入

兴趣是最好的老师，兴趣是坚持的动力，长久的激情源于享受你所做的事情。有兴趣才有创造，有坚持才有成功。

2. 要刻意练习，坚持不懈，不达目的誓不休

刻意练习是一种有特定目标的练习，把全部注意力集中在自己的目标上，同时需要外界反馈，帮助你理清楚离目标的距离。在刻意练习过程中，要走出自己的舒适区，不断提高，才能有进步。

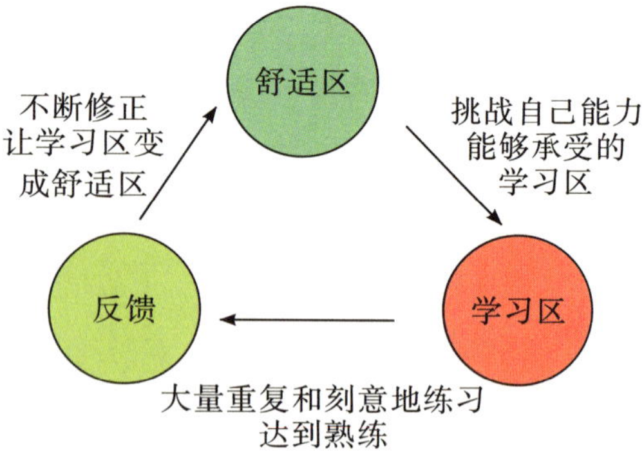

3. 要识别工作的价值与意义，激发自己的内驱力

每一项工作都因为给社会提供了服务、创造了价值，或者为人类知识宝库贡献了自己的创造而具有意义。要确信工作对你很重要，并与他人的福祉相连。决定我们自身的不是过去的经历，而是我们自己赋予经历的意义。

4. 要给自己一种希望

希望不是来自外界，而是来自内心始终让自己处于一种积极的期待状态。对所从事的工作充满希望，并持续地积极投入，你就会获得巨大的心理能量。希望也是我们战胜困难，从逆境中奋起的动力。

生涯人物

中国女排精神的代表人物——郎平教练

排球教练郎平

郎平，身高 1.84 米，著名女子排球运动员、中国女排原总教练、中国排球学院院长，是广受国人爱戴的著名体育人物。

郎平的父亲是个体育迷。小时候，一有机会，父亲就带着郎平到家附近的北京工人体育馆去看比赛。父亲对体育的酷爱影响着郎平。在少年时代的记忆里，排球给郎平留下了美好的印象。

1973 年，13 岁正在上小学六年级的郎平开始学习排球，16 岁进入北京市业余体校，后来进入中国队。作为专业运动员，郎平凭着坚强的毅力，付出了常人难以想象的努力，练就了很好的身体素质和超人的弹跳力，成为中国女排的核心人物。

从国家队退役后，郎平出国学习，开阔视野。在中国女排最困难的时期，她两次主动接下了中国女排主帅这个职务。一次是在 1995 年女排发展遇到巨大挑战的时候，她毅然回国担任主帅；另一次是 2012 年中国女排在伦敦奥运会失利，她走马上任，仅用了一年半时间，就带领中国队重返世界锦标赛决赛舞台，并于 2015 年重夺世界杯冠军。

在长期的运动生涯中，郎平克服了运动伤痛，鼓励女排姑娘们顽强拼搏，坚持到底，用团结合作的精神和锲而不舍的努力赢得了世人的尊重与爱戴。以她为代表的女排姑娘们迎难而上的拼搏精神感动了一代又一代中国人，她本人也当选了 2015 年“感动中国”人物。郎平因为自己卓越的贡献，入选“排球名人堂”，成为亚洲排球运动员中获此殊荣的第一人。

生涯书籍

书名：《王选传》

作者： 郭洪波

内容简介： 王选从小就有科学梦想，品学兼优的他一直是学生干部，高中毕业考入北京大学数学力学系，1958 年大学毕业并留校任教。之后的近 20 年时间，他不顾疾病缠身，坚持科研攻关，成为我国早期计算机专业的佼佼者。

1975—1993 年，王选带领科研团队，进行汉字激光照排系统研制，经过不懈努力，终于成功研制出汉字信息处理与激光照排系统，掀起了我国的印刷技术革命，使中国的印刷业告别铅字，迎来激光照排技术，他也被喻为“当代毕昇”。作为优秀科学家和杰出企业家，王选院士为自主创新发展中国的科技和产业树立了光辉的榜样。

在阅读中，同学们还会看到和王选院士一同为中国的科技事业努力的他的妻子——北京大学陈堃銶教授的人生故事。

生涯电影

片名：《小鞋子》

导演： 马吉德·马吉迪

内容简介： 家境贫寒的男孩 Ali 不慎将妹妹的鞋子弄丢了。为了不被父母责罚，他央求妹妹 Zahra 暂时保密，说两人可以替换着穿他的鞋子上学，并答应一定会帮她买一双新鞋子。Ali 原本指望用他和父亲进城打工挣的钱帮妹妹买双新鞋，但父亲的意外受伤打破了他的美梦。

看到全市长跑比赛季军的奖品是一双运动鞋时，错过报名的他哀求老师，通过艰难地争取，终于获得了比赛资格。他告诉自己一定要获得第三名。即使脚被破鞋子磨出了好多水泡，他也越跑越有劲；即使被同学绊倒了，他仍然爬起来继续跑，结果跑了个第一名。

生涯活动

生涯游园会

通过开展生涯游园活动，同学们能在参与感极强的环节中，探索自己的兴趣、性格、价值观，增强对自我、对生涯的了解，激发学习动力，为自己的个人发展、升学择校、高中选科等打下基础。

活动对象：初中生，每次两个班。

活动时间：半天，实施建议一般选择节假日前后，或者期中考试后，学习活动转换时期开展，教育效果最好。

活动具体内容如下：

（1）性格迷宫大探险。

活动描述：以 MBTI 十六型人格理论为基础，设置若干问题，同学们通过回答，最后得到与自己性格对应的代号，再领取代号对应的解说词，从而了解自我。

活动物料：问题迷宫、解说词签文。

（2）兴趣卡牌排排看。

活动描述：根据霍兰德职业兴趣理论设计职业卡牌，同学们结合自己的实际情况，将职业卡牌分成“非常喜欢”“一般喜欢”“不太喜欢”“非常不喜欢”四类，再从“非常喜欢”“一般喜欢”中选择自己最感兴趣的10张卡牌，并将选出的卡牌按照职业兴趣代码进行分类，摆放到“职业兴趣罗盘”上。这可以帮助同学们在还没有非常明确职业概念时，了解自己职业兴趣的领域。

活动物料：职业卡牌、职业兴趣罗盘。

（3）能力大转盘。

活动形式：基于加德纳多元智能理论制作能力卡牌，同学们在众多能力中选择自己最擅长的 5 种，并将其放到多元智能理论的八种智能罗盘上，明确自己的优势智能。

活动物料：能力卡牌、智能罗盘。

（4）我的人生关键词。

活动描述：列出对于未来憧憬的常见的若干个场景，请同学们想象假如未来 10 年甚至 30 年后，你如愿过上了自己理想的生活，那种生活具体是怎么样的？包含了哪些场景或者元素呢？第一，从提供的场景中选择你觉得非常重要或者不可或缺的。第二，从你挑选的词条中删减一部分，只留下 10 条。第三，再次删减，只留下 3 条。结合自己认真思考后挑选出来的 3 个关键词，将他们串成一句话，写下你想拥有的或者你想成为的样子，并大声读出来。

活动物料：生活场景卡片。

（5）家族职业树。

活动描述：根据鲍温的家庭系统理论，个人生涯选择受内外环境影响，而外在环境影响的众多因子中，家庭的影响概居首要。设计家族职业树，同学们先要领取家族职业树卡片，然后结合自己的实际情况填写家庭三代内的职业情况，并写下关于家庭职业对自己的影响的思考。

活动物料：家族职业树卡片。

（6）我的梦想卡片。

活动描述：在卡片的正反面分别印制职业名称、职业简介、职业形象、职业要求（学历、兴趣代码、能力要求等），将卡片悬挂起来，供同学们自由浏览，进一步了解世界上多种多样的职业。要求同学们结合前面的探索，寻找自己最感兴趣的3~5种职业，并将相关职业信息抄写在自己的手册上，为后续的模拟面试做好准备。

物料准备：卡片、悬挂绳。

后记

自从 2016 年《高中生生涯规划》教材发行以来，不断有一线的校长和老师问我："有没有初中的生涯教材啊？初中生也很需要生涯教育的。"经过几年的实际调研、思考酝酿之后，2019 年我们终于决定着手《初中生生涯探索》的编写了。本书的撰写历时四年，分为前期（2019—2020 年）和后期（2020— 2023 年）两个阶段来完成。新冠肺炎疫情期间，编写组克服各种困难，多次开展了线下与线上的研讨交流和修订工作。

本书核心编著者有席春玲、冯继有、王心明和刘一良。后期参与者有陈丽玲、綦群菊、廖薇、席长江、荀化、石桂花、肖莉英、钟焕斌、吕庆燕和王龙凑等，杰米绘制了书中的插画，刘枫为书中歌曲谱曲并做了录制。前期由梁惠燕带领，参与者有许秀芳、彭盛、李之宁、杨冰瑶、陈嘉男、麦敏霞、江承伟、彭丽珊、胡德华、邓嘉欣等，主要为"中学生涯教育行动研究项目学校"的校长和老师。感谢所有为本书的写作付出努力的单位和个人！

在写作中，根据国内外研究和实践经验，编者做了创新性的提炼，不足之处，望能得到方家指正为盼！

编写组

2023 年 8 月 20 日